Heinrich Gelzer

Lykurg und die delphische Priesterschaft

Heinrich Gelzer

Lykurg und die delphische Priesterschaft

ISBN/EAN: 9783744607476

Hergestellt in Europa, USA, Kanada, Australien, Japan

Cover: Foto ©Lupo / pixelio.de

Weitere Bücher finden Sie auf **www.hansebooks.com**

Lykurg und die delphische Priesterschaft.

'So übereinstimmend die Anerkennung der Verdienste Lykurgs war, ebenso unsicher und schwankend ist jede weitere Ueberlieferung von ihm. Seine Thätigkeit fiel in die Zeit der grössten Verwirrung; darum fehlen alle urkundlichen Nachrichten und sichere Anknüpfungen an gleichzeitige Personen und Thatsachen.' Diese Worte eines neuen Geschichtschreibers [1] charakterisiren vortrefflich die grosse Unsicherheit, welche über Lykurgs Persönlichkeit in unsern Quellen herrscht, und ganz ähnlich klagt schon Plutarch [2] in den berühmten Einleitungsworten seiner Lebensbeschreibung des spartanischen Gesetzgebers: 'Ueber Lykurg, den Gesetzgeber, kann man überhaupt nichts unbestritten Sicheres aussagen; denn sowohl über seine Abkunft, als über seine Reisen und sein Ende, vor Allem aber über seine gesetzgeberische und staatsmännische Thätigkeit sind ganz verschiedene Berichte vorhanden; am wenigsten aber herrscht Einstimmigkeit über die Zeit, in welcher er lebte.'

Noch ein später Schriftsteller [3] führt den Lykurg als Hauptbeispiel der Unsicherheit chronologischer Bestimmungen an: 'Wer ist jemals so gefeiert worden von Allen, welche sich mit geschichtlicher Forschung beschäftigt haben, wie Lykurgos, der Lakedämonier. In Aller Munde ist das Zeugniss des Gottes, welcher ihn wegen seiner Gesetzgebung geradezu einen Gott nannte. Stimmt aber ein Geschichtschreiber mit dem andern in der Frage überein, wann er die Gesetze gegeben habe?'

Brandis glänzende Schrift [4] über die altgriechische Chrono-

---

[1] Curtius: Griechische Geschichte I p. 163.
[2] Plut. vit. Lyc. I init.
[3] Eunapii Sardiani Frg. 1. Müller Fragm. Hist. Graec. IV p. 13.
[4] Jo. Brandis: Commentatio de temporum Graecorum antiquissimorum rationibus p. 9 u. ö.

logie hat schlagend erwiesen, dass die Königslisten der Chronographen auf alte officielle Aufzeichnungen zurückgehen und für den
vorgeschichtlichen Zeitraum die Rechnung nach Menschenaltern zu
Grunde legen. Soll daher mit Aussicht auf einigen Erfolg Lykurgs
Persönlichkeit einer genauern Betrachtung unterworfen werden, so
tritt zuerst die Frage an uns heran, in welcher Weise der spartanische Gesetzgeber den alten Königsregistern sei eingereiht worden [1].

A. Lykurgs Stammtafel.

Zwei Classen lykurgischer Stammbäume lassen sich unter-
scheiden. Die zahlreichsten Nachrichten verbinden ihn mit dem
Hause der Eurypontiden, während andere durchaus nicht verwerf-
liche Angaben ihn mit der Königsfamilie der Agiaden verknüpfen.

Herodot [2] erzählt: 'Wie die Lakedämonier selbst aussagen,
hat Lykurg als Vormund des Leobotes, seines Neffen und Königs
der Spartaner, die Gesetzgebung aus Kreta gebracht.'

Hier also ist Lykurg Oheim und πρόδικος des Agiaden Labotas, demgemäss Bruder des Echestratos und Sohn des Urkönigs
Agis [3], nach dessen Namen sich das Königshaus benannte.

Diese Angabe, welche so sehr der allgemeinen [4] Ueberlieferung
widerspricht, hat von jeher zu vielfachem Bedenken Anlass gebo-
ten. Schon Cragius [5] bemerkt: quem Leoboten vocat Herodotus,
Lycurgi pupillum, alii rectius Charilaum dicunt. Meursius [6], welcher alle der gewöhnlichen Ueberlieferung widersprechenden Nachrichten als werthlos verwirft, erkennt auch hier mit der grössten
Zuversicht einen Fehler des Herodot [7]: Herodoti est manifestus
satis error, qui pro Charilao rege Leoboten Lycurgi pupillum fa-

---

[1] T r i e b e r: Forschungen zur spartanischen Geschichte und G i l -
b e r t: Studien zur altspartanischen Geschichte konnten leider erst bei
der Correctur benutzt werden.

[2] Herodot. I 65.

[3] Man hat ἀδελφιδέου als 'Schwestersohn' erklärt, weil Lykurg
ein Eurypontide sei (so noch Stein zu Herodot I, 65 p. 52). ohne zu
bedenken, dass zwischen beiden Geschlechtern keine Epigamie bestand.
Schömann, griechische Alterth. I p. 233 (N. 1). C. Wachsmuth in Jahns
Jahrb. 1868 p. 2 Not. 4.

[4] Wesseling zu Herod. I 65 (bei Schweighaeuser T. V. p. 76) Cha-
rilli tutelam Lycurgus magno scriptorum consensu administravit.

[5] de rep. Laced. III 1. Thes. Gronov. V p. 2586.

[6] de regno Laced. XVI p. 2259. Misc. Lacon. II 5 p. 2370 Gronov.

[7] de regno Laconico IX p. 2243 Gronov.

cit. Auch Neuere haben einen alten Fehler in Herodots Handschriften angenommen, so Larcher[1] und Westermann[2].

Allein die Lesart 'Λεωβώτεω' wird durch mehrere gewichtige Autoritäten des Alterthums gegen jede Anfechtung gesichert.

Pausanias[3] erzählt mit sichtlicher Verwunderung: τοῦτον τὸν Λαβώταν Ἡρόδοτος ἐν τῷ λόγῳ τῷ ἐς Κροῖσον ὑπὸ Λυκούργου τοῦ θεμένου τοὺς νόμους φησὶν ἐπιτροπευθῆναι παῖδα ὄντα. Λεωβώτην δέ οἱ τίθεται τὸ ὄνομα καὶ οὐ Λαβώταν. Also bis in die Zeit der Antonine ist der Bestand unsrer Lesart gesichert; der Fehler müsste demnach in der That ein sehr alter sein. Ferner berichtet Kyrillos[4]: ἑκατοστῷ ἑξηκοστῷ πέμπτῳ ἔτει τῆς Ἰλίου ἁλώσεως Ὅμηρον καὶ Ἡσίοδον φασι γενέσθαι, βασιλεύοντος Λακεδαιμονίων Λαβώτου; ebenso Hieronymus[5] zu Abr. 998 (a. Chr. 1019), Labotas fünftem; der Armenier[6] zu Abr. 1001 (a. Chr. 1016), Labotas achtem Jahre: Quidam Homerum et Hesiodum his temporibus fuisse aiunt. Vortrefflich weist nun Sengebusch[7] nach, dass Homer unter Labotas gesetzt ward einzig deshalb: 'weil es eine Ansicht gab, nach der Lykurg Vormund nicht des Charilaos, sondern des Labotas war. . . . Es ist interessant zu bemerken, wie viel Gewicht im Alterthum die Sage von Homers und Lykurgs persönlichem Zusammentreffen gehabt haben muss. Kaum, dass irgendwo ganz vereinzelt die Behauptung auftaucht, Lykurg sei Vormund des Labotas gewesen, gleich ist auch die Behauptung da, Homer habe zur Zeit des Labotas gelebt.'

Dieser auf die Herodotstelle gebaute Synchronismus: Homer-Labotas-Lykurg ist bedeutend älter, als Eusebios und Kyrillos. Dieselbe Bestimmung giebt auch Cassius, und ebenso verfährt Philostratos, wenn er den Wettstreit Homers und Hesiods 160 p. Tr. ansetzt. Hesiod wird in diesem Ansatz nach Homer bestimmt und den Homer bestimmt Labotas, das vermeintliche Mündel Lykurgs[8].

Uns ist besonders die Angabe des Cassius[9] wichtig: Vixisse,

---

[1] Schweighaeuser zu Herod. I 65. Wesseling (Schweighaeuser T. V p. 76 u. 77) u. Baehr (T. I p. 141 ff.) zur angeführten Stelle haben die Erklärungs- und Verbesserungsvorschläge Aelterer und Neuerer in reicher Fülle gesammelt.

[2] Westermann bei Pauly unter Lykurg IV p. 1265.
[3] Pausan. III 2, 3.   [4] Cyrill. adv. Julian. I p. 11 E ed. Aubert.
[5] Eusebi chronicorum canonum quae supersunt ed. A. Schoene p. 63.
[6] Euseb. chron. ed. Schoene p. 62.
[7] Sengebusch in Jahns Jahrbüchern 1853 p. 387 u. 388.
[8] Sengebusch a. a. O. p. 388 u. 389.   [9] bei Gellius XVII 21.

Silviis Albae regnantibus, annis post bellum Troianum, ut Cassius
in primo annalium de Homero atque Hesiodo scriptum reliquit,
plus centum atque sexaginta.

Dadurch haben wir eine — freilich indirecte — sehr alte Gewähr für die Lesart ῾*Λεωβώτεω*᾽. Cassius Hemina lebte am Anfang des 7. Jahrhunderts der Stadt [1]. Er erwähnt noch die Sä-
cularfeier des Jahres 608 [2] und ist so ungefähr Zeitgenosse des
Apollodoros, welcher zwischen der 150. und 160. Olympiade blühte [3].
Sehr wichtig ist, dass seiner Zeitrechnung griechische Quellen zu
Grunde lagen [4]. Die spätest mögliche wäre Apollodoros, wahrscheinlich benutzte er ältere Gewährsmänner.

Wie dem auch sei, fest steht, dass schon im zweiten vor-
christlichen Jahrhundert Homer und Lykurg unter
König Labotas angesetzt wurden, auf Grund der Lesart *Λεωβώτεω* im herodoteischen Texte.

Unumstösslich bleibt Herodots Zeugniss, dass schon die alte
Landessage Lykurg mit Labotas verband.

Daneben existirt noch eine von Herodot ganz unabhängige
Ueberlieferung, welche den Lykurg zwar nicht mit Labotas, aber
ebenfalls mit einem Agiaden, mit Agesilaos, verbindet. Pausanias [5]
erzählt nämlich: ἔθηκε δὲ καὶ *Λυκοῦργος Λακεδαιμονίοις τοὺς νόμοις ἐπὶ τῆς ᾿Αγησιλάου βασιλείας.*

Die Angabe Herodots und diese des Pausanias lassen sich
schlechterdings nicht vereinigen. Fischer [6] meint zwar, die höhern
Daten mögen vorzugsweise für den Beginn der vormundschaftli-
chen Regierung Lykurgs, die niedrigeren dagegen insbesondere für
die Zeit der Gesetzgebung berechnet sein. Gesetzt auch, es hätte
bisweilen eine solche Verwechslung von ἐπιτροπία und νομοθεσία
Statt gefunden, wie kann in unserm Falle ein Mann, welcher des
unmündigen Grossvaters πρόδικος gewesen, noch unter dem Enkel
als rüstiger Staatsmann auftreten?

Fischer [7] und nach ihm Sengebusch [8] haben einen eignen Weg
zur Erklärung dieser Nachricht eingeschlagen. Fischer bemerkt:
῾Da die Regentschaft mit der Regierung des Königs Agesilaus

---

[1] Niebuhr: Römische Geschichte I p. 285.
[2] Censorin. de die nat. XVII 11. Mommsen: Römische Chronologie
p. 176.   [3] Müller Fragm. hist. Graec. I p. XXXVIII.
[4] Niebuhr a. a. O. IV p. 57 (bearb. von Dr. L. Schmitz).
[5] Pausan. III 2, 4.   [6] Fischer: Griechische Zeittafeln p. 34.
[7] Fischer a. a. O. p. 37 N. 46.
[8] Sengebusch in Jahns Jahrbüchern 1853 p. 387.

gleichzeitig war — denn Charilaos, Lykurgs Mündel, regierte mit
Archelaos, des Agesilaos Sohne: Plutarch. Lyc. c. 5. Pausan. III,
2, 5 — so setzte Pausanias a. a. O. die Gesetzgebung auch schlecht-
weg in die Zeit des Agesilaos.'

Allein hiergegen erheben sich schwere Bedenken. Brandis [1]
sagt: regum tempora in Lacedaemoniorum tabulis ex decessoris
morte supputari, definitio regnorum Archelai et Charilai prodit.
Ferner ist die Gleichzeitigkeit von Archelaos und Charilaos con-
stante Ueberlieferung [2]; dies drückte Apollodoros so aus, dass er
beide genau 60 Jahre regieren liess [3]. Die ἐπιτροπία des Lykurgos
kann demnach erst mit dem ersten Jahre des Charilaos (884—825)
und dem zweiten des Archelaos (885—826) beginnen. Jede Gleichzeitigkeit von Agesilaos und Charilaos ist durch die Natur der
Liste ausgeschlossen. Offenbar wurde die Vormundschaft Lykurgs
mit der wirklichen Regierung des Charilaos in eine grosse Summe
zusammengezählt. Sie dauerte nach der geringsten Angabe 18
Jahre [4].

Auf der andern Seite steht aber die Epoche des Agesilaos
nicht minder fest [5] durch die berühmte Angabe des Clemens [6]:
Ἀπολλόδωρος δὲ (scil. φησὶ φέρεσθαι Ὅμηρον) μετὰ ἔτη ἑκατὸν τῆς
Ἰωνικῆς ἀποικίας, Ἀγησιλάου τοῦ Δορυσσαίου Λακεδαιμονίων βασιλεύοντος, ὥστε ἐπιβαλεῖν αὐτῷ Λυκοῦργον τὸν νομοθέτην ἔτι νέον ὄντα.

Die Worte ὥστε u. s. f. können wir vorläufig bei Seite lassen;
sie sind reine Combination des Apollodoros. Der apollo-
dorische Ansatz für die ionische Wanderung ist um 1043, also für
Homer 943 [7]. Dadurch haben wir einen vollkommen sichern Ausgangspunkt für die Bestimmung von Agesilaos Regierungszeit. Da
Agesilaos 30 Jahre [8] regiert, könnte sie spätestens 943—914 fallen;
nach der von Brandis revidirten Königstafel dauerte sie von 959
—930 [9]; Gleichzeitigkeit mit Charilaos ist also unmöglich.

Wie aber ist der Ansatz des Apollodoros oder vielmehr des
Eratosthenes [10] entstanden?

---

[1] Brandis: Commentatio de temp. Graec. antiqu. rationibus p. 28.

[2] Brandis commentatio p. 29. Fischer a. a. O.

[3] Euseb. chron. I. cap. XXXV p. 166 u. 167 Zohrab.

[4] Schol. in Plat. Rep. X p. 419 Bekker.

[5] Brandis commentatio p. 28. [6] Clemens Stromat. I 117 p. 96 Dind.

[7] Müller Fr. H. G. I p. 443. [8] excerpta barbara bei Scaliger p. 77.

[9] Brandis commentatio p. 29.

[10] Schon Fischer: Griech. Zeittafeln p. 44 hat vermuthet, dass
die vielen Zeugnisse, welche die eratosthenische Aera des Homer 100

C. Müller, Lauer und Sengebusch wenden abwechselnd den 60 jährigen und den 63 jährigen Cyclus an, weil 60 Sonnenjahre und 63 Mondjahre identisch sind [1]. Der Ungrund des 63 jährigen ist von Brandis [2] und von Bunsen [3] genügend nachgewiesen; und es wird jetzt allgemein zugestanden [4], dass die Griechen den Zeitraum vor Gründung der Olympiaden nach Menschenaltern berechneten. Der Sexagesimalcyclus freilich ist keine 'mera coniectura'; er ist im Gegentheil uralt. Er findet sich bei den Chinesen [5], bei den Indern [6], bei den Chaldäern [7] und bei den Aegyptern [8], aber fast gar nicht da, wo wir ihn am nöthigsten hätten, bei den Griechen. Einige schwache Spuren zeigen sich in Böotien. Die Dädalen wurden je im sechzigsten Jahre gefeiert [9]. Ferner lässt sich die Lebenszahl der hesiodeischen Nymphe nach Lepsius [10] auf

p. Tr. c. = 1083 setzen, auf einer alten Verwechslung des Terminus a quo, der ionischen Colonie mit der Zerstörung Troias, beruhen. Sengebusch Homerica Dissertat. I p. 43 hat nun den echten Ansatz des Eratosthenes nachgewiesen: Ἐρατοσθένης δὲ μετὰ ρ' (scil. ἔτη) τῆς τῶν Ἰώνων ἀποικίας (scil. γεγονέναι φησὶν Ὅμηρον).

[1] Müller: Orchomenos p. 222.   [2] Brandis commentatio p. 2.

[3] Bunsen: Aegyptens Stelle in der Geschichte V 2 p. 422.

[4] So von Gutschmid in Jahns Jahrb. 1861 p. 20, 24 u. besonders p. 28: 'Wir mögen hinblicken, wohin wir wollen, überall bestätigen die Listen den vom Vf. verfochtenen Satz, dass alle griechischen ἀναγραφαί die Rechnung nach Menschenaltern zur Basis haben, und zwar bestätigen sie ihn, ohne dass eine Anwendung von Zwangsmassregeln nöthig wäre.'

[5] Bunsen a. a. O. V 2 p. 276 ff.

[6] Lassen: Indische Alterthumskunde I p. 825 u. 827.

[7] Euseb. chron. I cap. I p. 5 Zohrab. Syncell. p. 30 Dind.

[8] Plutarch de Iside et Osir. cap. 75 p. 133 ed. Parthey und dazu die Note p. 275. Lepsius: Chronol. d. Aegypt. p. 164 u. 239.

[9] Pausanias IX 3, 5. Müller: Orchomenos p. 221 ff.

[10] Lepsius: Chronol. d. Aegypt. p. 181 N. 8 berechnet nach Horapollo das Alter der Nymphe auf 432000 Jahre ($120 \times 60 \times 60 = 120$ Saren). Er weist selbst nach, dass diese Zahl mit dem ersten babylonischen Zeitalter und mit dem vierten indischen, dem Kali juga, identisch sei. Er hält sie zwar für keine willkürliche poëtische Fiction, aber für ein Werk asiatischen Ursprungs. Plut. de defect. orac. XI T. I p. 506 ed. Dübner berechnet die Summe auf 9720 Jahre ($= 162 \times 60$). Die Summen, welche man nach Anthol. Latin. ed. Meyer 1078 und nach den beiden andern Vorschlägen Plutarchs gewinnt, sind ebenfalls Multiplicate von 60. Aber aus dieser trüben Quelle lässt sich doch schwerlich der Gebrauch des Sexagesimalcyclus für die Griechen nachweisen. Beachtenswerth ist, dass das Etym. M. 13, 35 diese Hexa-

diesen Cyclus zurückführen; aber er selbst schreibt der Zahl asiatischen Ursprung zu.

Diese wenigen Anhaltspunkte werden uns schwerlich dazu berechtigen, die Zahl 943 cyclisch zu erklären, wie Lauer und Sengebusch annehmen (943 = 240 p. Tr. c. 1183; 240 = 4 × 60). Sengebusch [1] nimmt an, die Zahl 943 beruhe auf Vermuthung des Eratosthenes und des Apollodoros. Er führt auch zwei Gründe des Apollodoros für dieselbe an: 1) Samothrake war nach Apollodoros Ansicht Colonie von Samos und hatte daher seinen Namen. Da Homer die Insel unter diesem Namen kennt, muss er nach dem Gründungsjahr 974 gelebt haben [2]. Der zweite Grund beruht auf der oben angeführten Clemensstelle, also der lakedämonischen Sage vom Zusammentreffen Lykurgs mit Homer. 943 ist nun nach Sengebusch [3] das Jahr der ἀκμή Homers und er denkt bei Apollodors Zusatz: 'ὥστε ἐπιβαλεῖν τῷ Ὁμήρῳ Λυκοῦργον τὸν νομοθέτην ἔτι νέον ὄντα' an das zwanzigste Lebensjahr des Lykurg. Somit verlegt nach ihm Apollodor das Zusammentreffen mit Lykurg in 900 v. Chr. Den Homer denkt er sich passend für die feierliche Uebergabe der Gedichte behufs Einführung in Sparta als Sechsundsiebenziger [4]. 'Hier zeigt sich der Charakter des Ansatzes so recht deutlich; es ist ein Versuch zur Vermittlung, eine Durchschnittsrechnung, eine Combination. Und desshalb hat er keinen historischen Werth, obschon seine Autoren zu den »einsichtigen Männern« gehören' [5]. Von den beiden Gründen des Apollodoros begrenzt der erste bloss den Ansatz nach oben; der zweite ist viel bestimmter. Warum aber muss Homer unter Agesilaos blühen? Offenbar nur, weil Lykurg unter diesem Könige die Gesetze gab, und weil das persönliche Zusammentreffen von Homer und Lykurg in der spartanischen Nationalsage stark betont wurde [6].

Aber die lakedämonische Nationalsage verlegt nach Sosibios das Zusammentreffen Homers und Lykurgs in das Jahr 866 [7]. Der Grund ist: Sosibios folgt der Ueberlieferung des Eurypontidenhauses, welche den Charilaos als Mündel des Lykurgos nannte.

---

meter als χρησμός aufführt. Das bedeutet nicht 'sententia memorabilis', wie Ruhnken erklärt, sondern weist auf eine orphische Orakelsammlung, welcher wir wohl dies Rechenexempel verdanken.

[1] Jahns Jahrb. 1853 p. 381.   [2] a. a. O. p. 380.
[3] a. a. O. p. 381.   [4] a. a. O. ebend.   [5] a. a. O. ebend.
[6] a. a. O. p. 376 u. 377.
[7] Müller Fr. H. G. II p. 625 fr. 2. Sengebusch in Jahns Jahrb. 1853 p. 377 u. 613. Homerica Dissert. II p. 78 u. 82.

Unsere Ueberlieferung aber ist die alte Tradition der Agiaden, welche, wie über vieles andere, so auch über Homers Zusammentreffen mit Lykurg eigene Familiennachrichten mögen besessen haben [1].

Hätten die Chronographen bloss conjicirt, sie hätten sicher eine für das Zusammentreffen Homers mit ihrem Lykurg von 884 bequemer gelegene Zahl sich ausgewählt, etwa 908, die Zeit des kolophonischen Homers [2]. Gerade dass sich Apollodor so sehr dreht und wendet [3], scheint zu beweisen, dass er eine sehr gewichtige, aber unbequeme Autorität in sein System verarbeitet hat. Die Forscher, welche das lakedämonische Königsregister zur chronologischen Grundlage machten, werden am wenigsten lakedämonische Angaben über Homer vernachlässigt haben.

Da sie andrerseits auch der Eurypontidenüberlieferung gerecht zu werden suchten und den Charilaos als Mündel annahmen, entstand ihr combinirtes und desshalb nach allen Seiten mühsames Vermittlungssystem.

Wir dürfen demnach, wie ich glaube, folgende Nachrichten als von einander unabhängige Ueberlieferungen der Agiaden hinstellen:

A. Lykurg, Vormund des Königs Leobotes, gab seine Gesetze unter diesem Könige.

B. Lykurg gab seine Gesetze unter König Agesilaos und traf mit Homer, dem Sänger von Chios, zusammen.

———

Grundverschieden von den bisher betrachteten Nachrichten sind diejenigen, welche den Lykurgos mit dem zweiten Königs-

---

[1] Derjenige Homer, welcher mit Lykurg 866 zusammentrifft, ist der samische, dessen Geburt 884 fällt (Jahns Jahrb. 1853 p. 613). Desshalb auch wird Lykurg mit den Kreophyliern verbunden (Plut. Lyc. 4. Heracl. Pont. bei Müller Fr. H. G. II 210. Jahns Jahrb. 1853 p. 376. Sengebusch Dissert. Hom. I p. 83). Allein eine andere Nachricht verbindet den Gesetzgeber mit dem Homer von Chios, dessen Schule 983 entstand. Strabo X p. 482. ἐντυχόντα δ', ὥς φασί τινες, καὶ Ὁμήρῳ διατρίβοντι ἐν Χίῳ (Sengebusch bei Jahn 1853 p. 613). Diese Notiz ist Ephoros entnommen, 'dem tüchtigsten aller antiken Forscher' (Wachsmuth in Jahns Jahrb. 1868 p. 8). Wir sehen, wie trefflich zu der doppelten Ableitung Lykurgs auch eine doppelte Ableitung Homers passt.

[2] Jahns Jahrb. 1853 p. 613.   [3] a. a. O. p. 397.

hause, den Eurypontiden, in Verbindung bringen. Auch hier ver-
bürgen sich Namen von gutem Klang für die Echtheit der Ueberlieferung. Ja, das älteste uns erhaltene Zeugniss macht den Gesetzgeber zum Nachkommen Eurypons. Simonides nämlich, der
jedenfalls gut unterrichtet war — ein vertrautes Verhältniss bestand zwischen dem Eurypontiden Pausanias und 'dem keischen
Gastfreunde' [1] — Simonides also nennt den Lykurg Sohn des Prytanis und Bruder des Eunomos [2]. Prytanis aber, der Sohn des
Eurypon, gehört in das zweite Königshaus, dessen Ahnherr der
Sage nach Prokles ist.

Wiederum abweichend ist die Angabe der πλεῖστοι bei Plutarch [3]. Nach dieser Quelle hatte König Eunomos zwei Söhne,
von der ersten Frau den Polydektes, von Dionassa, der zweiten,
den Lykurgos.

Lykurg ist hier um ein Glied heruntergedrückt; statt Bruder
des Eunomos ist er dessen Sohn. Dieser Stammbaum nennt den
Lykurg — ἕκτον μὲν ἀπὸ Προκλέους, ἐνδέκατον δὲ ἀφ' Ἡρακλέους [4].
— Nun nennt Ephoros den Lykurgos Bruder des Polydektes [5], den
sechsten von Prokles [6] und den elften von Herakles [7] an gezählt.
Daraus erhellt augenscheinlich, dass die Quelle der πλεῖστοι Epho-
ros ist, welcher stets nach Geschlechtsregistern rechnete [8]. Seine
Ansicht hat von nun an allgemeine Geltung.

Aber auch Simonides Ansicht fand Anhänger:

1) Phlegon gibt folgendes genealogisches Schema [9]: Λυκοῦργος
δὲ ὁ Λακεδαιμόνιος, υἱὸς ὢν τοῦ Πρυτάνεως, τοῦ Εὐρυπῶντος τοῦ
Σόου τοῦ Προκλέους u. s. f.

2) und 3) Ein platonisches Scholion [10] und Suidas [11] nennen

---

[1] Aelian. v. h. IX 41. Müller: Dorier I p. 132, 7.

[2] Plut. Lyc. c. I. Schol. Plat. Rep. X p. 419 Bekker.

[3] Plut. Lyc. I.   [4] a. a. O. I am Ende.

[5] Strabo X p. 482. ἀδελφὸς ἦν πρεσβύτερος τοῦ Λυκούργου Πολυδέκτης.   [6] Strabo X p. 481. Λυκοῦργον δ' ὁμολογεῖσθαι παρὰ πάντων ἕκτον ἀπὸ Προκλέους γεγονέναι (Prokles-Soos-Eurypon-Prytanis-
Eunomos-Lykurgos).

[7] Schol. Pind. Pyth. I 120. οὗτος γὰρ (scil. Λυκοῦργος) ἐνδέκατός
ἐστιν ἀπὸ Ἡρακλέους, ὡς Ἔφορος ἱστορεῖ.

[8] Brandis commentatio p. 16 u. 25. Dieuchidas, welchen Plutarch
und das platonische Scholion nennen, schöpfte offenbar aus Ephoros.
Trieber Forschungen p. 50.

[9] Müller Fr. H. G. III p. 603 fr. 1.

[10] Scholia in Plat. Rep. X p. 419 Bekker.

[11] Suidas s. v. Λυκοῦργος No. 2.

ihn gemeinsam Oheim des Charilaos und Bruder des Eunomos.
Diese beiden Angaben stammen aus Apollodoros χρονικά [1], und wir
dürfen wohl annehmen, dass auch Phlegon durch Apollodors Autorität [2] bewogen wurde, diesem Stammbaum zu folgen.

Dionysius dagegen bringt die Notiz [3]: ἐπιτροπεύων Εὔνομον
τὸν ἀδελφιδοῦν Λυκοῦργος ἔθετο τῇ Σπάρτῃ τοὺς νόμους. Leicht
könnte man hier ein Versehen annehmen, wenn sich nicht zufällig
die Notiz erhalten hätte [4], Lykurg habe 150 Jahre vor der ersten
Olympiade gelebt. Das stimmt genau zur Zeit des Eunomos (929
—885). Endlich Tzetzes [5] nennt ihn Bruder des Charilaos: Χά-
ριλλος Λάκων ἀδελφὸς ὑπῆρχε τῷ Λυκούργῳ.

Folgende Uebersicht verdeutlicht die Abweichungen der verschiedenen στέμματα.

1) Herodot.	2) Pausanias.	3) Dionysius.	4) Simonides & Apollodoros.		5) Ephoros & Dieuchidas.	6) Tzetzes.	
Εὐρυσθένης	Εὐρυσθένης	Προκλῆς	Προκλῆς		Προκλῆς	Προκλῆς	
Ἦγις	Ἄγις	Σόος	Σόος		Σόος	Σόος	
Ἐχέστρα-_Αυ- τος κούργος	Ἐχέστρατος	Εὐρυπῶν	Εὐρυπῶν		Εὐρυπῶν	Εὐρυπῶν	
_Λεωβώτης	Λαβώτας	Πρύτα-_Αυ-τις κούργος	Πρύτανις		Πρύτανις	Πρύτανις	
		Λάρισσος	Εὔνομος	Εὔνο-_μος	Λυκοῦρ-γος	Εὔνομος	Εὔνομος
Ἀγησίλαος ἔθηκε δὲ καὶ Λυκοῦργος Λακεδαιμονίοις τοὺς νό-μους ἐπὶ τῆς Ἀγησιλάου βασιλείας.			Χαρίλαος	Πολυ-δέκτης	Λυκοῦρ-γος	Πολυδέκτης Χαρίλαος	Λυκοῦρ-γος Χαρίλ-λος

Man hat Gewicht darauf gelegt [6], dass Lykurgos in der
Ueberlieferung der Eurypontiden von symbolischen Gestalten um-
geben ist.

---

[1] Da dieser Nachweis hier zu weit führen würde, verweise ich
vorläufig auf meine 'Beiträge zur Chronik des Eusebios.'

[2] Er citirt Apollodors χρονικά. Müller Fr. H. G. III p. 609 fr. 29

[3] Dionys. Halic. ant. Rom. II 49. [4] Clemens stromat. 1 79 p. 67 Diad.

[5] Tzetzes hist. var. Chil. VIII 238. 905.

[6] Curtius: Griechische Geschichte I p. 163. Duncker: Geschichte
des Alterthums III p. 354.

Pausanias [1] erwähnt hinter dem ἡρῷον des Lykurgos das Grabmal seines Sohnes Εὔκοσμος. Es ist möglich [2], dass wir in ihm eine bloss fingirte Person zu erkennen haben. Der κόσμος, die treffliche Ordnung des spartanischen Gemeinwesens, wird als ein Sohn Lykurgs hingestellt. In diesen aus Prädikaten entstandenen Vätern, Brüdern und Söhnen von Heroen erkennt O. Müller eine alte Sitte der Poesie [3]. Aber er macht darauf aufmerksam, dass diese bedeutsame Namengebung noch in historischer Zeit fortdauert [4]. Es kommt hinzu, dass nach andrer Ueberlieferung Ly-. kurgs Sohn einen völlig verschiedenen Namen trug. Plutarch [5] berichtet jedenfalls aus alter Sage, Lykurg habe einen einzigen (μονογενῆ) Sohn hinterlassen, den Antioros.

Mit Eukosmos ist Lykurgs Vater oder Bruder Eunomos in Parallele gesetzt worden, und allerdings der Vater 'Wohlgesetz' und der Sohn 'Wohlordnung' scheinen für einen Gesetzgeber besonders gut gewählt. Allein Eunomos kann nicht ohne Weiteres für eine symbolische Figur erklärt werden. Sein Name stand nämlich in der officiellen lakedämonischen ἀναγραφή. A. von Gutschmid hat mit grossem Nachdruck darauf hingewiesen, dass mit der Mitte des achten Jahrhunderts die gesicherte griechische Geschichte und die nothwendige Vorbedingung derselben, die gleichzeitige Aufzeichnung der öffentlichen Beamten, begonnen hat [6]. Nun liegt allerdings König Eunomos um drei Geschlechter hinter diesem Zeitraume zurück; aber immerhin wäre es höchst misslich, einen Namen aus einer in so alter Zeit gefertigten, durch öffentliche Autorität beglaubigten Liste als mythisch darzustellen [7]. Mit allem Recht sagt Boeckh [8]: 'Es hat nichst Auffallendes, dass in einer bewegten Zeit ein Königssohn Eunomos genannt wurde.'

---

[1] Pausan. III 16, 6.   [2] Boeckh: Abh. der Berliner Akad. 1836 p. 76 hält ihn für historisch.

[3] O. Müller: Prolegomena p. 275. Dorier I p. 63 Anm. 1. Zu den dort gesammelten Namen gehören Tisamenos, Sohn des Thersandros, und Eurymedon, Sohn des Minos. Apollod. III, 1, 2, 5.

[4] O. Müller a. a. O. Polyaen. VI 1, 6. Jasons Sohn Πορθάων. Vgl. dagegen aus historischer Zeit Corn. Nep. Epam. X.

[5] Plut Lyc. c. 31.   [6] Jahns Jahrb. 1861 p 23.

[7] Wachsmuth in Jahns Jahrb. 1868 p. 4 hat nachgewiesen, dass selbst in der Geschichte des uralten Königs Prokles historische Elemente unverkennbar seien. Wenn auch die apollodorischen Zahlen der Urkönige Berechnungen Späterer sind, so werden dadurch die Königsnamen — welche Herodot kannte — nicht angefochten.

[8] Boeckh a. a. O. p. 76.

Duncker geht wohl zu weit, wenn er sagt [1]: 'Sogar die Na=
men der Könige, mit welchen Lykurg in Verbindung gebracht
wird, sind wenigstens nicht völlig von dem Verdachte frei, der
Erfindung anzugehören. Labotas, für welchen Lykurg, nach Herodot, die Vormundschaft führt, bedeutet »der Hirt des Volkes«;
Prytanis, Eunomos, Charilaos, mit welchen er nach den ander-
weiten Nachrichten in Verbindung gesetzt wird, heissen »der Vorsteher«, »Gutrecht«, die »Freude des Volkes«.'

Dagegen bemerkt Boeckh [2]: 'In gewissen Familien herrschten
gewisse Namen, weil man in den Namen die Grundsätze und Beschäftigungen ausdrückte, welche der Familie eigen waren, und für
welche man die Kinder durch ihre Namen selbst bestimmen und
gewinnen wollte. . . . In Künstlerfamilien finden sich daher solche
auf den Kunstbetrieb bezügliche Namen sehr häufig . . .' und,
dürfen wir hinzufügen, derselben Sitte verdanken auch die Königs-
söhne die stolzen Namen, welche sie als Hirten und Führer der
Völker charakterisiren. Labotas ist um nichts unhistorischer, als
Archelaos, Agesilaos, Archidamos, die Korinther Agemon und Agelas
und andere Könige der gut historischen Zeit [3].

Dem Eurypontidennamen 'Charilaos' entspricht aus derselben
Familie 'Demaratos', Xerxes Zeitgenosse. Auch der Name 'Prytanis' scheint vollkommen geschichtlich zu sein.

Interessante Vergleichungspunkte zu den spartaniscnen Königslisten bieten die Grabinschriften des theräischen Regentenhauses,
welche nach Kirchhoff der zweiten Hälfte des siebenten Jahrhunderts angehören und vielleicht noch über die 40. Olympiade hinauf
zu setzen sind [4]. Die Aegiden von Thera hatten einst in Sparta
geherrscht und rühmten sich noch in der Kaiserzeit der Abkunft
von Lakedämons Königen [5]. Wir treffen daher auch bei dieser

---

[1] Duncker: Geschichte des Alterthums III p. 354. C. Müller
frgm. chronoll. (hinter dem Didot'schen Herodot) p. 130.

[2] Boeckh Abhandlungen 1836 p. 77.

[3] Wegen hymn. in Cerer. 9 kann Πολυδέκτης so wenig für eine
mythische Person erklärt werden, als Agesilaos wegen C. I. G. 2599
und Athenaeus III 99 b (aus Aeschylus). Πολυδέκτης ist ein besonders
passender Name für einen König, dem grossartige Gastfreundschaft
Ehrenpflicht war. Xenoph. de rep. Laced. XV 4. Statt Διώνασσα bei
Plutarch und dem platonischen Scholiasten ist vielleicht Δαμώνασσα zu
lesen. vgl. Boeckh a. a. O. p. 91. Pausan. III 15, 8.

[4] Kirchhoff: Studien zur Geschichte des griech. Alphabets p. 46.

[5] Boeckh a. a. O. p. 98 ηὐχούμην Λακεδαίμονος ἐκ βασιλήων.

Fürstenfamilie ähnliche Namen wie im Proklidenhause, so $\Sigma \acute{o} \omega \nu$ [1], $'A\varrho\iota\sigma\tau\acute{o}\delta\alpha\mu o\varsigma$ [2], $\Pi\varrho o\kappa\lambda\tilde{\eta}\varsigma$ [3] auf dem alten Grabstein und $\Pi\varrho o\kappa\lambda\epsilon\acute{\iota}\delta\alpha\varsigma$ [4] im Testament der Epikteta [5]. Von besonderem Werthe aber ist der Name $'A\varrho\chi\alpha\gamma\acute{\epsilon}\tau\alpha\varsigma$ [6]. Da wir aus der ersten Rhetra und dem Zusatzartikel des Polydoros und Theopompos wissen, dass dies der officielle Titel der spartanischen Könige war [7], so ist bei der nahen Verwandtschaft der lakedämonischen und der theräischen Königsfamilie die Annahme gewiss nicht zu kühn, dass $\acute{\alpha}\varrho\chi\alpha\gamma\acute{\epsilon}\tau\alpha\varsigma$ auch Titel der Aegiden war. Ein anderer Aegide wird $M\acute{\nu}\lambda\eta\kappa o\varsigma$ genannt [8]. Während dem griechischen Colonistenadel sein Herrscher nur 'Herzog' war, verehrten ihn die phönikischen Urbewohner als 'מֶ֫לֶךְ' König. Schon durch den Titel tritt die Verschiedenheit der Herrscherrechte hervor, welche dem Könige gegen-

---

[1] Boeckh a. a. O. p. 94.   [2] Boeckh a. a. O. p. 79, 91 u. 95.
[3] Boeckh p. 79 u. 95.   [4] Boeckh p. 79.
[5] Diese frappante Namengleichheit scheint allerdings auch auf Geschlechtsverwandtschaft zu deuten. Bedenken wir ferner, welche Rolle der Aegide Theras spielt ($\epsilon\pi\iota\tau\varrho o\pi\alpha\acute{\iota}\eta\nu$ $\epsilon\tilde{\iota}\chi\epsilon$ $\acute{o}$ $\Theta\acute{\eta}\varrho\alpha\varsigma$ $\tau\grave{\eta}\nu$ $\grave{\epsilon}\nu$ $\Sigma\pi\acute{\alpha}\varrho\tau\eta$ $\beta\alpha\sigma\iota\lambda\eta\acute{\iota}\eta\nu$ Herod. IV 147, vgl. 146 $\tau\tilde{\eta}\varsigma$ $\beta\alpha\sigma\iota\lambda\eta\acute{\iota}\eta\varsigma$ $\mu\epsilon\tau\alpha\iota\tau\acute{\epsilon}o\nu\tau\epsilon\varsigma$), wie mächtig auch noch späterhin das Geschlecht blieb, so werden wir kaum fehlgehen, wenn wir Aegiden und Prokliden identificiren. Dazu kommt noch ein directer Beweis: Scholion zu Pind. Isthm. VI 18 $\check{\epsilon}\nu\iota o\iota$ $\delta\acute{\epsilon}$ $\varphi\alpha\sigma\iota$ $\tau\grave{o}\nu$ $\Pi\acute{\iota}\nu\delta\alpha\varrho o\nu$ $\nu\tilde{\nu}\nu$ $\mu\grave{\eta}$ $\tau o\tilde{\nu}$ $\pi\varrho\grave{o}\varsigma$ $'A\mu\nu\kappa\lambda\alpha\iota\grave{\epsilon}\varsigma$ $\pi o\lambda\acute{\epsilon}\mu o\nu$ $\mu\nu\eta\mu o\nu\epsilon\acute{\nu}\epsilon\iota\nu$ $\mu\eta\delta\grave{\epsilon}$ $\tau\tilde{\omega}\nu$ $\sigma\grave{\nu}\nu$ $T\iota\mu o\mu\acute{\alpha}\chi\psi$ $A\grave{\iota}\gamma\epsilon\iota\delta\tilde{\omega}\nu$, $\grave{\alpha}\lambda\lambda\grave{\alpha}$ $\tau\tilde{\omega}\nu$ $\sigma\grave{\nu}\nu$ $\tau o\tilde{\iota}\varsigma$ $'H\varrho\alpha\kappa\lambda\epsilon\acute{\iota}\delta\alpha\iota\varsigma$ $\epsilon\grave{\iota}\varsigma$ $\Pi\epsilon\lambda o\pi\acute{o}\nu$-$\nu\eta\sigma o\nu$ $\kappa\alpha\tau\epsilon\lambda\vartheta\acute{o}\nu\tau\omega\nu$, $\grave{\omega}\nu$ $'A\varrho\iota\sigma\tau\acute{o}\mu\alpha\chi o\varsigma$ $\acute{o}$ $K\lambda\epsilon\acute{\alpha}\delta\alpha$ $\kappa\alpha\grave{\iota}$ $K\lambda\epsilon\acute{\alpha}\delta\alpha\varsigma$ $\acute{o}$ $"Y\lambda\lambda o\nu$ $\acute{\eta}\gamma o\tilde{\nu}\nu\tau o$. Ausdrücklich heissen diejenigen Fürsten hier Aegiden, welche sonst als Ahnherren des Prokles gelten. (Denn nur mit Prokles hatten sie genealogischen Zusammenhang, nicht mit Eurystheus. Wachsmuth in Jahns Jahrb. 1868 p. 7.) Das Königthum der Aegiden ist auch von der neuern Forschung anerkannt: Curtius g. Gesch. I 161: 'In Sparta ist noch die deutliche Spur eines Zustandes vorhanden, wo drei Familien gleiche Königsrechte in Anspruch nahmen, die Agiaden, die Eurypontiden und die Aegiden. Die Letzteren wurden allmählig zurückgedrängt und mussten den beiden andern den Platz räumen.' Vgl. Schömann Alterthümer I p. 200, 215, 233. Wachsmuth a. a. O. p. 8 u. 9. Gilbert Studien p. 68 ff. u. 191 ff. Mir scheint es demnach kaum zweifelhaft, dass Prokles und Soos diesem später verdrängten Königshaus der Aegiden angehörten, und dass Eurypon mit Hülfe des dorischen Adels seinem Geschlechte die Herrschaft erwarb. Plutarch bezeugt, dass er viele Königsrechte dem Adel (oder wie er anachronistisch sagt: dem Volke) aufopfern musste.
[6] Boeckh p. 78.   [7] Plut. Lyc. c. VI $\grave{\alpha}\varrho\chi\alpha\gamma\acute{\epsilon}\tau\alpha\iota$ $\delta\grave{\epsilon}$ $o\acute{\iota}$ $\beta\alpha\sigma\iota\lambda\epsilon\tilde{\iota}\varsigma$ $\lambda\acute{\epsilon}\gamma o\nu\tau\alpha\iota$.   [8] Boeckh a. a. O.

über dem dorischen Adel und gegenüber den kanaanitischen Periöken zukamen.

Ganz in derselben Weise, scheint es, ist auch der Name 'Πρύτανις' zu erklären. So konnte ein Königssohn nur genannt werden, wenn πρύτανις, so gut als βαγός [1] oder ἀρχαγέτης, Königstitel [2] war; in dem Namen war dann der künftige Herrscherberuf des Knaben ausgedrückt. Das schlichte Prädikat 'Vorsteher' ist für den auf den Rang eines primus inter pares beschränkten König der spätern Zeit passend [3] und besonders passend für den Sohn des Eurypon, welcher ' δοκεῖ πρῶτος τὸ ἄγαν μοναρχικὸν ἀνεῖναι τῆς βασιλείας' [4]. Darum hat auch Charon von Lampsakos einen vollkommen passenden Titel gewählt, wenn er seine lakedämonischen Annalen πρυτάνεις [ἢ ἄρχοντας] τοὺς τῶν Λακεδαιμονίων benannte [5].

B. Lykurgs Chronologie.

Noch mehr, als bei den Stammbäumen, divergiren die Angaben hinsichtlich der Chronologie Lykurgs. Wir zählen nicht weniger als elf verschiedene Angaben, alle gestützt auf die Autorität bewährter Historiker und Chronologen.

1) Am frühesten [6] setzt ihn Xenophon [7]: ὁ γὰρ Λυκοῦργος

---

[1] Schömann: Griechische Alterthümer I. p. 232 N. 1.

[2] Vgl. Pind. Pyth. II 106. Das Etym. M. p. 693, 45 erklärt πρυτανεῦσαι: βασιλεῦσαι. Photius: πρύτανις: βασιλεύς, ἄρχων p. 345 ed. G. Hermann. Nicolaus Damascenus (Fr. H. G. III p. 392) sagt vom letzten Prytanen der Bakchiaden: κτείνει (scil. ὁ Κύψελος) βασιλεύοντα Πατροκλείδην.

[3] Vgl. v. Gutschmid in Jahns Jahrb. 1861 p. 24.   [4] Plut. Lyc. c. 2.

[5] O. Müller: Dorier I 131, II 135. Westermann zu G. Vossii de hist. Graec. I 1 p. 21 Note 63 hat πρυτάνεις τῶν Λαμψακηνῶν emendirt, weil die Prytanen eine ionische Beamtung seien (vgl. dagegen Müller: Dorier II p. 135 ff.). Ihm folgen von Gutschmid Philoll. X p. 523 N. 1 und Jahns Jahrb. 1861 p. 20. Brandis comment. p. 4. Die fragmentarischen Reste aus Charons Werken berechtigen uns schwerlich zu einem Schluss über den Titel bei Suidas. Ueber das wichtige Fragment vom Becher der Alkmene (Müller Fr. H. G. I p. 85 Nr. 11) vgl. C. Müller l. c. p. XVIII.

[6] Absichtlich lasse ich den ältesten Ansatz weg; Cedren. I p. 95 Bekker setzt ihn unter Barak und Deborah: μετὰ Σαμέγαρ γέγονε κριτὴς Βαρὰκ μεθ' οὗ καὶ Λεβόρρα ἡ προφῆτις· ἐφ' ὧν Προμηθεὺς καὶ Ὀρφεὺς κ. τ. λ. καὶ Λυκοῦργος ὁ Σπαρτιάτης καὶ νομοθέτης τῶν Ἑλλήνων ἐγνωρίζοντο. Hieronymus ad a. 718 p. 45 ed. Schoene zeigt, dass hier eine Verwechslung mit dem thrakischen Lykurgos vorliegt.

[7] Xenophon de republ. Laced. X 8.

κατὰ τοὺς Ἡρακλείδας λέγεται γενέσθαι. Treffend erklärt Plutarch [1]: *ὁ δὲ ἔοικε βουλομένῳ τοὺς πρώτους ἐκείνους καὶ σύνεγγυς Ἡρακλέους ὀνομάζειν Ἡρακλείδας.* Lykurgs Gesetzgebung wird also in die Zeit des Eurystheus (1103—1062) und des Prokles (1103—1053), der sagenhaften Gründer Spartas, gesetzt. Ebenso legte Hellanikos [2], welcher des Lykurgos mit keinem Worte gedachte, die Gesetzgebung den beiden Königen, Eurysthenes und Prokles, bei. Beide Angaben haben dieselbe Bedeutung. O. Müller hat den zu Grunde liegenden Gedanken schön nachgewiesen [3].

2) Herodot setzt den Gesetzgeber, wie schon erwähnt, unter König Leobotes. Wir besitzen nun freilich keine herodoteischen Fixirungen der lakedämonischen Königsreihen, nach Apollodoros fiele er 1025—989 [4]. Bei den christlichen Chronographen finden wir diese Angabe auf 998, 1000 oder 1001 Jahr Abhrahams fixirt = vor Chr. 1016, 1017, 1019.

3) Von der Angabe, welche den Lykurg 943 unter Agesilaos mit Homer zusammentreffen lässt, ist schon oben gehandelt worden.

4) Clemens [5] nach einer unbekannten Quelle setzt den Lykurg 150 Jahre vor die erste Olympias, also 926: *Λυκοῦργος δὲ μετὰ πολλὰ τῆς Ἰλίου ἁλώσεως γεγονὼς ἔτη πρὸ τῶν ὀλυμπιάδων ἔτεσιν ἑκατὸν πεντήκοντα νομοθετεῖ Λακεδαιμονίοις.*

5) Ktesias von Knidos hat in seinen *Περσικά*, deren erster Theil die assyrische Geschichte behandelte [6], die altasiatische Zeitfolge nach einem Schema griechischer Epochen geordnet [7].

Nach diesem setzte er die Regierung des Teutamos in die Zeit von Ilions Fall, den Sturz des assyrischen Reichs in die Zeit Lykurgs, des Gesetzgebers. Sein Datum für Lykurg fällt zusammen mit dem ersten Jahre Arbakes, des Mederkönigs, in 884 [8].

---

[1] Plut. Lyc. cap. I.   [2] bei Strabo VIII p. 366.
[3] O. Müller: Dorier II p. 15.   [4] Brandis comment. p. 29.
[5] Clemens Strom. I 79 p. 67 Dindorf.
[6] Photius cod. 72. Müller Ctesiae frgm. 29 p. 45 (Anhang zum Didot'schen Herodot).
[7] C. Müller frgm. chronoll. p. 133 u. 159. J. Brandis rer. Assyr. t. emend. p. 12 u. 13. id. de antiqu. Graec. t. r. 24, 25. M. v. Niebuhr: Assur u. Babel p. 295. A. v. Gutschmid Rhein. Mus. N. F. VIII p. 261.
[8] Niebuhrs Herstellung der ktesianischen Zahl 884 (Assur und Babel p. 293) verdient sicherlich vor den übrigen Versuchen den Vorzug, weil er am genauesten die ktesianischen Regierungszahlen benutzt. Er geht, als von einem sichern Ausgangspunkt, von 486 aus, dem letzten

So wenig nun seine altassyrische Chronologie auf historische Glaubwürdigkeit im strengsten Sinne Anspruch machen kann, so gut begründet sind seine griechischen Ansätze. Da er nach ihnen Asiens Zeitordnung aufbaute, so müssen sie ihm als durch besonders gewichtige Autorität beglaubigte Daten gegolten haben. Diese Autorität war die lakedämonische ἀναγραφή, nach welcher Ktesias zuerst die altgriechische Zeitrechnung ordnete [1]. Nach der Königstafel fiel der Regierungsantritt des Charilaos und die Regentschaft des Lykurgos 884, die dorische Wanderung 1103, Troias Zerstörung 80 Jahre früher 1183 [2].

Es ist ein sehr günstiges Anzeichen für die Beurtheilung des Ktesias, dass die eigentlich wissenschaftlichen Chronologen, die grossen Alexandriner Eratosthenes und Apollodoros, ihre Zeitrechnung ebenfalls genau nach der lakonischen ἀναγραφή ordneten.

Eratosthenes zählt [3]:

1) ἀπὸ μὲν Τροίας ἁλώσεως ἐπὶ Ἡρακλειδῶν κάθο-   1183
δον ἔτη ὀγδοήκοντα   1103

2) ἐντεῦθεν δὲ ἐπὶ τὴν Ἰωνίας κτίσιν ἔτη ἑξήκοντα   1043

3) . . . ἐπὶ μὲν τὴν ἐπιτροπίαν τὴν Λυκούργου ἔτη
ἑκατὸν πεντήκοντα ἐννέα   884

4) ἐπὶ δὲ προηγούμενον [4] ἔτος τῶν πρώτων Ὀλυμπίων
ἔτη ἑκατὸν ὀκτώ   776

Lepsius [5] hat ausführlich nachgewiesen, dass Eratosthenes nach ägyptischen Jahren rechnete. Dadurch fallen alle Schwierigkeiten seiner Angaben weg. Der Chronograph setzte demnach:

Jahre des Darius (im Kanon allerdings 487, aber vgl. Ideler Chronoll. I 117 ff.):

Darius	31 Jahre	Ctesiae frgm. p. 49
Kambyses	18 »	» » » » 48
Kyros	30 »	» » » » 47
Astyages	38 »	nach den Chronographen
8 medische Könige	282 »	Diodor II 32—34

zusammen: 399 Jahre + 485 (Xerxes 1 Jahr) = 884.

[1] Brandis comment. p. 24. Müller Ctes. frgm. p. 4. Plut. Artox. XIII ὁ Κτησίας φιλότιμος ὢν καὶ οὐχ ἧττον φιλολάκων.

[2] Ueber diese Verkürzung der drei γενεαί Brandis p. 18.

[3] Clemens strom. I 138 p. 112 Dind.

[4] προηγούμενον ἔτος ist doch wohl das leitende Jahr der ersten Olympien, nicht das den Olympien vorangehende. vgl. Clemens VI 162 p. 245 Dind.   [5] Lepsius: Königsbuch der Aegypter p. 132 ff. bes. 135. vgl. A. Mommsen: Zweiter Beitrag zur Zeitrechnung der Griechen und Römer (Fleckeisen Jahrb. f. class. Philol. Supplem. III) p. 377.

Epoche IV auf den 5. März 776
„ III „ „ 1. April 884
„ I „ „ 15. Juni 1183.

Ganz dieselben Bestimmungen finden sich nach Porphyrius bei Apollodoros [1]:

1) A capto Ilio usque ad He-raclidarum in Peloponnesum descensum ait Apollodoros elapsos esse annos LXXX.	1) ἀπὸ τῆς ἁλώσεως Ἰλίου 1183 ἐπὶ τὴν τῶν Ἡρακλειδῶν εἰς τὴν Πελοπόννησον κάθο-δον ἔτη π' φησίν εἶναι ὁ Ἀπολλόδωρος. 1103
2) tum a descensu ad Ioniam urbibus frequentatam annos LX.	2) ἀπὸ δὲ τῆς καθόδου εἰς τὴν Ἰωνίας κτίσιν ἔτη ϛ' (γρ. ξ'). 1043
3) exinde ad Lycurgum annos CLIX.	3) ἐντεῦθεν ἐπὶ Λυκοῦρ-γον ἔτη θ' καὶ ἑκατόν καὶ πεντήκοντα. 884
	4) ἀπὸ δὲ Λυκούργου εἰς τὴν πρώτην Ὀλυμπιάδα ὀκτώ καὶ ἑκατόν. 776
5) summam autem temporis a capto Ilio ad primam olympiadem annorum esse CCCCVII.	5) τὰ δὲ πάντα ἀπὸ τῆς ἁλώσεως Ἰλίου ἐπὶ τὴν πρώ-την Ὀλυμπιάδα ἔτη ἑπτὰ καὶ υ'.

Die Angabe, dass Lykurg 108 Jahre vor der ersten Olympias seine ἐπιτροπία angetreten habe, ist aus den Regierungen der lakedämonischen Könige berechnet [2].

776 = Theopomps 10tes Jahr.
786 = Nikandros 39tes Jahr.
824 = Nikandros 1tes Jahr.
825 = Charilaos 60tes Jahr.
884 = Charilaos 1tes Jahr und Lykurgs Vormundschaft.

Diesen Ansatz hat Eusebius, wenn er sagt, dass Lykurg unter Archon Diognetos [3] (898 — 871) berühmt ward. Hieronymus bemerkt zu 1134 [4]: Lycurgus insignis habetur. Das trifft auf 883 v. Chr. Der Fehler beruht darauf, dass Eusebius Troias Fall 835 Abr., also auch ein Jahr zu spät setzt. Den apollodorischen

---

[1] Eusebius chron. I, 31 p. 139. Zohrab. Cramer anecdot. Paris. II p. 140. Scaliger Thesaur. tempp. τῶν χρονικῶν τὰ σωζόμενα p. 28.
[2] Brandis p. 27.
[3] Cramer anecd. II p. 139. Euseb. chron. I p. 137.
[4] Eusebius ed. Schoene p. 71.

Intervall von 299 Jahren seit Ilions Zerstörung bis Lykurg hat er vollkommen gewahrt.

6) Wie die Chronographen, so hatte auch der Lakone Sosibios, Zeitgenosse Ptolemäus Soters, die griechische Zeitrechnung nach den spartanischen Königsregistern geordnet [1]. Er setzt die erste Olympiade in Nikandros 34stes Jahr und giebt dem Charilaos 64 Jahre. Lykurgs Vormundschaft beginnt offenbar mit Charilaos erstem Regierungsjahr

$$776 + 64 + 33 = 873 \text{ [2]}.$$

Da Sosibios ferner Trojas Untergang 1171 [3] ansetzt, so fällt die Rückkehr der Herakliden 80 Jahre später 1091 [4].

Betrachten wir nun diejenigen Ansätze, welche mit den Systemen der Chronographen einige Verwandtschaft zeigen. Hierher scheinen vor allem die überaus unsichern Angaben über Ephoros chronologische Bestimmungen zu gehören.

7) Er setzt nämlich nach Diodor [5] die dorische Wanderung ungefähr 750 Jahre vor die Belagerung von Perinth.

$$340 + 750 = 1090 \text{ (Sosibios: 1091).}$$

Den Lykurg setzte er sechs γενεαί nach Prokles; nehmen wir die γενεά nach dem Durchschnitt der spartanischen Könige zu 36 Jahren, so gelangen wir für Lykurg in das Jahr 874.

Damit liesse sich die Angabe des Hieronymus in Verbindung bringen [6]: Homerus poeta in Graecia claruit ut testantur .... Euforbus (Scaliger. animadv. p. 62 Ephorus) historicus ante urbem Romam conditam ann. CXXIIII, et ut ait Cornelius Nepos ante Olympiadem primam ann. C. Sind die Textesworte intact (Lauer hat mit Sengebuschs Zustimmung corrigirt; vgl. Jahns Jahrb. 1853 p. 382 u. 366), so hat hier Hieronymus eine aus Nepos entlehnte Angabe des Ephoros vor sich. Beide Angaben sind von Nepos berechnet; denn zu Ephoros Zeit war die Rechnung nach Olympiaden noch nicht üblich. Da Nepos Roms Gründung Ol. 7, 2 ansetzt [7], so fiele Homers Zeit 874/6. Dass Ephoros Homer und Lykurg als Zeitgenossen annahm, steht vollkommen fest [8], und so wäre eine schöne Bestätigung für das vorher nach γενεαί berechnete Jahr 874 gewonnen.

---

[1] Clemens strom. I 117 p. 96.
[2] Müller F. H. G. II p. 625 fr. 2. Brandis p. 27.
[3] Müller a. a. O. frg. 1.   [4] Müller und Brandis a. a. O.
[5] Diodor XVI, 76.   [6] Euseb. ed. Schoene p. 69 ad. a. 1104.
[7] Solinus I 27 p. 11 Mommsen.
[8] Müller F. H. G. I p. 251 frg. 64.

Trieber[1] hat nachgewiesen, dass der Stammbaum der πλεῖστοι, für welchen Plutarch den Dieuchidas citirt, vollkommen
dem Ephoros entnommen ist. Dieuchidas nun setzt den Lykurg
290 Jahre nach der Einnahme Troias[2]. Wir können wohl annehmen, dass seine troische Aera mit der des Ephoros stimmte.
Boeckh nimmt an, Ephoros Aera sei 1170[3], Brandis 1156[4]. Nach
dem ersten Ansatz fällt Lykurgos 880, nach dem zweiten 866. Ein
sicheres Resultat lässt sich hier nicht gewinnen.

Seit Ktesias wurde die Gleichzeitigkeit von Lykurgs Gesetzgebung und Sardanapals Ende als historisches Factum allgemein
angenommen.

8) So sagt Velleius[5]: imperium Asiaticum ab Assyriis . . .
translatum est ad Medos, abhinc annos ferme octingentos septua-
ginta . . . . Ea aetate clarissimus Graii nominis Lycurgus, Lacedae-
monius, vir generis regii, fuit severissimarum iustissimarumque
legum auctor.

Diese Angabe führt auf das Jahr 840 v. Chr.

Nach Abydenos[6] aber wurde Sardanapal 67 Jahre vor der
ersten Olympiade, also 843, gestürzt. Genau dieselbe Nachricht
findet sich bei Kastor. Denn die excerpta barbara[7], deren Register
auf Castor zurückgeht[8], zählen von Ninus II, dem letzten Könige,
bis auf die erste Olympiade 67 Jahre.

Ferner berichten die Chronographen, dass das Assyrerreich

---

[1] Trieber Forschungen p. 50.

[2] Clemens strom. I, 119 p. 97 Dind. *Διευχίδας γὰρ ἐν τετάρτῳ
Μεγαρικῶν περὶ τὸ διακοσιοστὸν ἐνενηκοστὸν ἔτος ὕστερον τῆς Ἰλίου ἁλώσεως τὴν ἀκμὴν Λυκούργου φέρει.*

[3] C. I. G. II p. 327.

[4] Brandis comment. p. 25 duas tantum γενεάς ab eo numerari ex
eo colligo, quod sicut Attici Hyllum Thesei posteros adiisse narrat
(fr. 11). Itaque Troianam calamitatem in a. 1156 (66 + 1090) posuerit.
Damit stimmte die Genealogie bei Tzetzes zu Lyk. 804 *Ἡρακλέους γὰρ καὶ
Δηιανείρας Ὕλλος, Ὕλλου δὲ καὶ Ἰόλης.τῆς Εὐρύτου Κλεόδοτος, Αἴχας καὶ
Κηῦξ, Κλεοδότου καὶ Περιδέας ὁ Τήμενος.* Allein dieses στέμμα ist sicher
nicht ephorisch, der fünf Generationen von Herakles bis Prokles rechnet.

[5] Velleius I, 6, 1 u. 3.

[6] Euseb. chron. I, XII p. 36. Zohrab. Eusebius Aussage: Nihilo-
minus et Castor . . . eadem plane ad litteram narrat de regno Assyriorum
geht am ungezwungensten auf die 67 Jahre. Dagegen Müller frgm.
chronoll. p. 156.

[7] excerpt. barb. p. 74 Ab istis autem in prima olympiada annos
LXVII.

[8] Brandis rer. Ass. temp. emend. p. 13. comment. p. 34. 35.

unter Ariphron [1] (851—832) gestürzt worden sei. Hieronymus ad. a. 1172: Sub Arifrone Assyriorum regnum destructum qui et Sardanapallus, ut nonnulli scribtitant. Er setzt also den Sturz des Reiches 845 [2].

Für Lykurg selbst besitzen wir demnach bloss die Angabe des Velleius; aber die so zahlreich und so gut beglaubigte assyrische Gleichzeitigkeit schützt dieselbe vollkommen. Das von Abydenos und Kastor genau bezeichnete Jahr 843 wird wohl das richtige sein. Es trifft in die Mitte von Charilaos Regierung, und hierher gehört offenbar Tzetzes Angabe, welcher Lykurgos zum Bruder des Charilaos machte. Das konnte nur ein Schriftsteller, welcher Lykurgs ἀκμή ungefähr in diese Zeit setzte.

Obschon eine frühere Autorität als Kastor — Abydenos Zeit ist dunkel — nicht kann nachgewiesen werden, wird diese Angabe doch auf alten Quellen beruhen; denn auch diese spätern Chronographen haben gleich wie Ktesias zur Ordnung der assyrischen Zeitrechnung griechische Daten benutzt und nicht etwa umgekehrt.

9) Viel bessere Gewähr hat die nächstfolgende Angabe. Thukydides [3] sagt nämlich: ἔτη γάρ ἐστι μάλιστα τετρακόσια καὶ ὀλίγῳ πλείω ἐς τὴν τελευτὴν τοῦδε τοῦ πολέμου, ἀφ' οὗ Λακεδαιμόνιοι τῇ αὐτῇ πολιτείᾳ χρῶνται.

Das Ende des Krieges ist 421 [4], also fällt nach dieser Angabe Lykurg wenig vor 821. Ebenso bemerkt Hieronymus ad ann.

---

[1] Ich nehme die eusebianische Archontenliste, wie sie bei Cramer anecd. II p. 139 sich findet. Im armenischen Euseb. p. 137 hat Thespieus nur sieben Jahre und im Kanon ist willkürlich die erste Olympiade in das 2te statt in das 12te Jahr des Aeschylus gerückt.

[2] Euseb. ed. Schoene p. 73. Euseb. chron. I p. 137. Zohrab. Cramer anecd. II p. 189. Im Kanon giebt sich Eusebius grosse Mühe diese Gleichzeitigkeit zu erhalten, da sein Ariphron neun Jahre zu spät fällt (nicht 10, weil er Ol. I, 1 in 777 setzt) und sein Anfang 842 (bei richtiger Olympiadenrechnung 841) sein sollte. Und doch stand diese Gleichzeitigkeit allgemein fest. Syncell. p. 348 κατὰ τοῦτον τὸν Ἀρίφρονα ἡ τῶν Ἀσσυρίων κατελύθη ἀρχή, ὡς πάντες συμφωνοῦσι. Er erreicht gerade das Jahr 845 dadurch, dass er Agamestors Regierung um drei Jahre (XX statt XVII) vermehrt.

[3] Thucyd. I 18, 2.

[4] Ullrich, Beiträge zur Erklärung des Thukydides p. 108. Scaliger giebt in seinem Kanon Eusebs Ansatz zum Jahre 1195; und da er die τελευτή τοῦδε τοῦ πολέμου als Ende des peloponnesischen Krieges 404 verstand, erklärte er die ἔτη ὀλίγῳ πλείω als 17. Scaliger Canon. p. 111 ad a. 1195 und animadv. in chronoll. p. 65.

1198 [1] = 819: Lycurgus Lacedaemonis iura componit und Cyrill [2]: τριαχοστῷ ἑξηχοστῷ καὶ πέμπτῳ ἔτει τῆς Ἰλίου ἀλώσεως Λυχοῦργος Λαχεδαιμονίοις ἐνομοθέτει. Da Cyrill eine von Hieronymus wenig verschiedene Recension des eusebianischen Kanons benutzte [3], also den Untergang Troias 1182 ansetzte, so fällt nach ihm Lykurg 817. Endlich giebt Eusebius [4] im attischen Archontenverzeichniss unter Thespieus (831—805) an: Θεσπιεὺς Ἀρίφρονος ἔτη κζ ἐφ' οὗ Λυχοῦργος ἐνομοθέτει Λαχεδαιμονίοις.

Zu diesen Angaben treten noch eine Anzahl assyrischer Gleich-zeitigkeiten. Euseb berechnet die Zwischenzeit von Sardanapals Sturz bis zur ersten Olympiade auf vierzig Jahre [5]: ab eo (scil. Sardanapallo) ad primam olympiadem anni sunt quadraginta.

Der Kanon dagegen zählt genauer 42 Jahre. Er setzt näm-lich den Sturz des Reiches 1198 Abr. [6] (819 v. Chr.), gerade 42 Jahre vor Olympias I, welche nach ihm 1240 Abr. (777 v. Chr.) fällt. Diess bestätigt auch die ἐχλογή ἱστοριῶν [7]: ... ληξάντων δὲ (scil. τῶν Ἀσσυρίων βασιλέων) κατὰ τὸ ο (γρ. ἑβδόμον) ἔτος Ὀζίου τοῦ τῶν Ἰουδαίων βασιλέως, ἀφ' οὗ ἐπὶ τὴν πρώτην θέσιν τῶν Ὀλυμ-πίων ἔτη μβ'. Ebenso nachher [8]: Ὀζίας κρατεῖ μέχρι θέσεως τῶν Ὀλυμπίων ἔτη μθ' ἐφ' οὗ καταλήγει ἡ τῶν Ἀσσυρίων βασιλεία ... λῆξασα δὲ τῷ ἑβδόμῳ ἔτει Ὀζίου (49—7 = 42).

Dann finden sich die Angaben vom Sturze des Assyrerreichs noch zum Jahre 1189 [9] und 1192 Abr.: Thespico Arifronis filio Athenis regnante, Assyriorum imperium deletum est [10].

Es ist demnach die Zeit Lykurgs auf folgende Daten fixirt:

817 : 818 : 819 : 821 + x : 825 : 828.

Nach der alexandrinischen Chronologie regierten damals die Könige Teleklos (825—786) und Nikandros (824—786).

10) Noch später setzt den Lykurg eine Angabe, welche Euse-bios und Synkellos angeblich aus Apollodoros aufbewahrt haben. Hieronymus ad. a. 1223 [11] (Alcamenis XX) Lycurgi leges in Lace-

---

[1] Eusebius ed. Schoene p. 75.
[2] Cyrillus contra Iulian. Lib. I p. 12 A ed. Aubert.
[3] Rhein. Museum XXV p. 262.
[4] Cramer aneod. II p. 139. Euseb. chron. I, c. XXX p. 137 Zohrab.
[5] Euseb. chron. I, c. XV p. 46 Zohrab.
[6] Euseb. Schoene p. 75.   [7] Cramer aneod. II p. 173.
[8] Cramer l. c. p. 230.   [9] Euseb. Schoene p. 73.
[10] Euseb. Schoene p. 73.
[11] Euseb. Schoene p. 77. Einige Handschriften haben die Angabe zu 1221, Alkamenes 18tem Jahre.

daemonem iuxta sententiam Apollodori hac aetate susceptae. Der Armenier ad. a. 1223 [1] (Alcamenis XX): Licurgi leges Lacedmone apud Apollodorum XVIII anno Alceminis. Synkellos [2]: Ἀπολλόδωρος Λυκούργου νόμιμα ἐν τῷ η' Ἀλκαμένους.

Es wird also hier als Ansicht des Apollodoros aufgestellt, dass Lykurg seine Gesetze 794 oder 796 erlassen habe. Die Angabe des Synkellos berechnet Fischer [3] auf das Jahr Abrahams 1211 (= 8tes Jahr des Alkamenes, also 806. Fischer schreibt 805). Dafür scheint zu sprechen, dass Kedrenos [4] Lykurgs Gesetzgebung in die Zeit des Propheten Amos, Jesaja, Hosea und Jona setzt, und diese führt Eusebius [5] im Jahre 1212 auf.

Allein Synkellos rechnet nach Jahren der Welt und sein erstes Jahr des Alkamenes fällt 4708 [6], also sein achtes 4715. Da er nun den Olympiadenanfang 4725 [7] und Octavians erstes Jahr (43 a. Chr.) 5458 [8] setzt, so fiele:

> Alkamenes 1tes Jahr = 793.
>   >   8tes >   = 786 [9].

Wäre Apollodor der Urheber dieser Ansicht, dann fiele Lykurg nach Synkellos 778, nach Eusebios 768, was allerdings seltsam dem klaren Zeugnisse des Porphyrios widerspricht [10]. Oder aber

---

[1] Euseb. Schoene p. 76.   [2] Syncellus p. 349 Dind.

[3] Fischer griech. Zeitt. p. 34, vgl. A. Mommsen zweiter Beitrag u. s. f. p. 403.

[4] Cedrenus I p. 189 Bekker.   [5] Euseb. Schoene p. 75.

[6] So hat eine Randbemerkung richtig statt 4709 p. 349 gebessert und so hat auch Goar im Kanon p. 198.

[7] Syncell. p. 371 4725 = 45 Jahr des Ozias; aber p. 368 4721 = 39 Jahr desselben und p. 373 gar 4719, Goar Canon p. 203 4726. Bei den häufigen Rechnungsfehlern des Syncellus ist es oft schwierig sich in seinen Angaben zurechtzufinden.

[8] Goar Canon p. 277. Syncell. p. 590.

[9] Fast wäre man versucht mit Mai (Eusebii chron. II p. 317 d) anzunehmen, dass η' aus ιη' verschrieben sei. Dann hätte der Urheber dieser Ansicht Lykurg als Stifter des Gottesfriedens in die Olympiade des Koroibos gesetzt und diese mit dem 18ten Jahr des Alkamenes identificirt. Aber die Zahl VIII scheint echter als XVIII, sie bezeichnet den Abschluss einer Oktaëterie.

[10] Indess unbedingt möchte ich die Zahlen nicht verwerfen. Eusebius Zahl ergiebt acht Jahre nach Gründung der Olympien. O. Müller Dorier I p. 132 N. 5 sagt geradezu: Eusebius Citat des Apollodor beim 18ten Jahre des Alkamenes ist falsch. vgl. auch Müller F. H. G. I p. 444.

Apollodor hat die merkwürdige Ansicht des Timaios getheilt, welcher zwei Lykurge unterschied [1].

Τίμαιος δὲ ὑπονοεῖ δυεῖν ἐν Σπάρτῃ γεγονότων Λυκούργων οὐ κατὰ τὸν αὐτὸν χρόνον, τῷ ἑτέρῳ τὰς ἀμφοῖν πράξεις διὰ τὴν δόξαν ἀνακεῖσθαι· καὶ τόν γε πρεσβύτερον οὐ πόρρω τῶν Ὁμήρου γεγονέναι χρόνων.

Genaueres über die beiden Lykurge erfahren wir von Cicero im Brutus [2]: non infra superiorem Lycurgum (scil. Homerus) fuit, a quo est disciplina Lacedaemoniorum adstricta legibus und in der Republik [3]: Nam centum et octo annis postquam Lycurgus leges scribere instituit, prima posita est Olympias: quam quidam nominis errore ab eodem Lycurgo constitutam putant. Homerum autem, qui minime dicunt, Lycurgi aetati triginta annis anteponunt fere.

Diese Stellen ergeben ganz ungezwungen folgendes chronologische Schema:

914 Blüthe Homers.
884 Lycurgus 1 giebt Gesetze in Sparta.
776 Lycurgus 11 gründet den Gottesfrieden.

Diese Angaben sind aber nicht die echten des Timaios, sondern Timaios Ansätze, auf Apollodoros chronologisches System reducirt.

Mit Apollodoros stimmt die Ansetzung des älteren Lykurgos und über Homer sagt Hieronymus ad. a. 1104 [4]: Agrippa aput Latinos regnante Homerus poeta in Graecia claruit, ut testantur Apollodorus grammaticus u. s. f. Da Hieronymus den Lykurg 1134 setzt, sehen wir, wie schön der Zwischenraum der 30 Jahre bewahrt ist. 914 hat offenbar Apollodor das Zusammentreffen des jungen [5] Lykurg mit Homer gesetzt.

Höchst wahrscheinlich hat auch Timaios den jüngern Lykurg 776 gesetzt; wann der ältere blühte, ist völlig unsicher. C. Müller [6] zwar sucht zu beweisen, dass nach Timaios Lykurg 926 geblüht habe. Allein diese Zahl ruht auf schwachen Gründen. Er sucht

---

[1] Plut. Lyc. I.   [2] Brutus c. 10, 40.   [3] de republ. II 10.

[4] Allerdings widerspricht diese Ansetzung der oben für Ephoros gemachten Berechnung. Allein die Annahme, dass hinter grammaticus ursprünglich eine Lücke war oder dass die folgenden Angaben nicht auf das Jahr 1104 berechnet seien, scheint mir einfacher als so kühne Umstellungen, wie Lauer und Sengebusch versucht haben. Vgl. Solinus 40, 16 p. 187 Mommsen.

[5] Clemens strom. I 117 p. 96 Dind.

[6] C. Müller frgm. chronoll. p. 125.

nämlich zu beweisen, dass Timaios nach zwei Olympiadenanfängen zugleich, nach 926 und 776 gerechnet habe. Unmöglich hätte aber der Schriftsteller, welcher zuerst die Olympiadenrechnung einführte [1], zugleich nach zwei Aeren zählen können. Diess würde die grösste Verwirrung angerichtet haben, und in der That beweist auch Müller, dass selbst ein so gewiegter Chronologe wie Apollodoros sich in diesem künstlichen System verrechnete. Da aber Timaios die beiden Lykurge auch nach ihrer Thätigkeit schied, so überliess er dem ältern nur die Gesetzgebung in Sparta [2]. Der Gottesfriede, welcher allein Epoche machen konnte, war das Werk des jüngern. Man hat gewiss so wenig nach einer Epoche vom Jahre 926, als nach der von 884 gezählt [3].

Endlich haben wir noch das vielumstrittene Zeugniss des Aristoteles über den Diskos anzuführen [4]. Οἱ μὲν γὰρ Ἰφίτῳ συνακμάσαι καὶ συνδιαθεῖναι τὴν Ὀλυμπιακὴν ἐκεχειρίαν λέγουσιν αὐτόν, ὧν ἐστι καὶ Ἀριστοτέλης ὁ φιλόσοφος, τεκμήριον προσφέρων τὸν Ὀλυμπίασι δίσκον, ἐν ᾧ τοὔνομα τοῦ Λυκούργου διασώζεται καταγεγραμμένον.

Pausanias [5] nennt ihn den Diskos des Iphitos und sagt, die Inschrift sei kreisförmig um den Diskos herumgegangen. Phlegon [6] berichtet, dass auf ihm die Vorschriften über Abhaltung der Olympien eingegraben waren.

Es ist merkwürdig, wie ganz abweichende Ansichten sich alle auf Aristoteles und den Diskos berufen. O. Müller [7] sagt: 'den Lykurg setzt Eratosthenes 108 Jahre vor die erste Olympiade, wobei er sicher auf den Diskos des Iphitos baut'.

Duncker [8] umgekehrt sagt, nachdem er des Koroibos Grabschrift und Iphitos Diskos erwähnt hat: 'Es kann hiernach nicht zweifelhaft sein, dass Iphitos und Lykurgos das olympische Opfer errichteten, und Koroibos, der Eleer, Sieger war, als dasselbe zum ersten Male im Jahr 776 v. Chr. gefeiert wurde. Wenn der Vertrag zwischen Sparta und Elis zwischen Iphitos und Lykurg auf dem Diskos eingegraben wurde, warum hätte der Name des ersten Siegers nicht ebenfalls aufgezeichnet werden sollen?'

---

[1] Brandis comment. p. 26.
[2] Diese Thätigkeit wird von Cicero ausdrücklich dem ältern Lykurg vindicirt.
[3] Diess nimmt Lepsius, Königsbuch der Aegypter p. 79 an.
[4] Plut. Lyc. I. [5] Paus. V 20, 1. [6] F. H. G. III p. 603.
[7] O. Müller Dorier I p. 132. In Wahrheit rechnet er nach der lakedämonischen ἀναγραφή, wie oben gezeigt worden ist.
[8] Duncker Gesch. d. Alterthums III p. 353.

Betrachten wir die Worte, welche Plutarch aus Aristoteles anführt, genauer, so sehen wir, dass er über die Zeit gar nichts aussagt. Er behauptet nur die Gleichzeitigkeit von Lykurg und Iphitos und stützt sich dabei auf den Diskos. Der Gegensatz zwischen 'Zeitgenosse des Königs Iphitos' und 'viele Jahre älter, als die erste Olympias' geht sicher nicht auf Aristoteles zurück, sondern ist durch Plutarch oder seine Quelle erst aufgestellt worden.

Aristoteles kannte den Lykurg als Vormund des Charillos [1] und einen so groben Verstoss können wir ihm unmöglich aufbürden, dass er den Charillos in das achte Jahrhundert gesetzt hätte.

Wenn O. Müller noch sagt [2]: 'Man hat keinen Grund an der von Aristoteles anerkannten Aechtheit des Diskos zu zweifeln', so scheint neuerdings die Ansicht zu überwiegen [3], dass die Scheibe keineswegs gleichzeitig sei, wenn sie auch aus sehr alter Zeit stammen mag.

Das Zeugniss des Aristoteles bildet den Uebergang zu den zahlreichen Angaben über Lykurgs Zeitalter, welche nicht auf selbstständiger Ueberlieferung, sondern auf einem Synchronismus beruhen [4]. So war es im Alterthum ganz unbestritten, dass Lykurg und Iphitos gemeinsam die olympische ἐκεχειρία gegründet hätten [5]. Darum wurde Lykurg in Iphitos Zeit angesetzt, welcher in Bezug auf Abstammung und Zeitbestimmung ganz ähnlichen Schwankungen unterworfen ist, wie Lykurgos.

Nach Pausanias [6] waren drei Genealogien des Iphitos vorhanden:

1) Die Inschrift in Olympia nennt ihn Sohn des Haimon.

2) Die gemeine Sage der Griechen nannte ihn Sohn des Praxonides. Nach Phlegon [7] war Praxonides Nachkomme des Herakles, und auch der Bericht bei Eusebius [8] betont die gemeinsame Abkunft des Lykurgos und des Iphitos. Beide sind Herakliden.

---

[1] Aristoteles Polit. II 10 p. 50 Bekker.
[2] O. Müller Dorier I p. 180.
[3] Curtius Gr. Geschichte I p. 203. V. Rose Aristoteles pseudepigraphus p. 489.
[4] Nicht hierher gehören die Angaben, dass Homer 943 oder 866 mit Lykurg zusammengetroffen sei. Homer ist nach Lykurg bestimmt, nicht umgekehrt.
[5] Die Stellen bei Fischer Zeitt. p. 41.
[6] Pausan. V 4, 6.   [7] F. H. G. III 603.
[8] Euseb. chron. I p. 141 Zohrab. Der Kanon Hieron. ad. a. 1240 nennt den Ifitus filius Praxonidis sive Aemonis p. 79 Schoene.

3) Die alten officiellen γράμματα der Eleer nannten ihn Sohn des Iphitos. In ihnen fand Pausanias vollständige Geschlechts-register von Oxylos bis Iphitos [1].

Wir kommen nun zu den chronologischen Bestimmungen der Zeit des Iphitos.

1) Aristodemos, der Eleer, setzte die Einsetzung der olympi-schen Spiele 27 Olympiaden vor Koroibos, welcher zuerst in die ἀναγραφή der σταδιονῖκαι eingetragen ward [2]. Aristodemos war, wie Apollodor, Schüler des Aristarchos [3]. Indem er den Iphitos 884 ansetzt, folgt er der eratosthenischen Chronologie. Ebenso zählt Phlegon [4] 28 Olympiaden von Iphitos bis Koroibos (die Epoche desselben eingerechnet).

2) Kallimachos [5] dagegen sagt, dreizehn Olympiaden seien un-aufgezeichnet verflossen, in der vierzehnten aber habe Koroibos, der Eleer, gesiegt. Er setzt also Iphitos 828. Dieses Zeugniss ist wichtig, weil wir daraus ersehen, dass auch die ältern Alexandriner, nicht erst Eratosthenes, Iphitos und Koroibos genau unterschieden.

3) Velleius [6] setzt die Einsetzung der Spiele durch Iphitos 823 Jahre vor das Consulat des Vinicius, also in das Jahr 793 [7].

4) Eine ganze Anzahl Zeugnisse endlich setzen den Iphitos geradezu in die Olympiade des Koroibos. So sagt

a) Athenaeos mit der grössten Bestimmtheit [8]: ὑπὸ πάντων συμφώνως ἱστορεῖται (scil. Λυκοῦργον) μετὰ τοῦ Ἰφίτου τοῦ Ἠλείου τὴν πρώτην ἀριθμηθεῖσαν τῶν Ὀλυμπίων θέσιν διαθεῖναι.

b) Thrasyllos [9] zählt von der dorischen Wanderung (1114) bis zur Olympiade des Iphitos (ἐπὶ τὴν Ἰφίτου ὀλυμπιάδα) 338 Jahre. Also auch er setzt den Iphitos in die Olympiade des Koroibos.

c) Phlegon berichtet [10], dass nach der ersten Einrichtung der Spiele 28 Olympiaden bis auf Koroibos verflossen. Als nun Bürger-krieg den Peloponnes verheerte, beschlossen Lykurgos, der Lake-

---

[1] Müller Dorier I p. 133.
[2] Euseb. chron. I c. 32 p. 141 Zohrab. Cramer anecd. II p. 141 (bei Scaliger p. 39). Syncell. p. 370 Dind.
[3] Müller F. H. G. III 308.   [4] a. a. O. III 603.
[5] Eusebius u. s. f. a. a. O.   [6] Velleius I, VIII 1.
[7] Kritz schreibt octingentos tris = 773. Die Aenderung hat nicht einmal den Vorzug genau in ein Epochenjahr zu treffen. 793 stimmt mit Eusebius Ansatz des Lykurg (794/6).
[8] Athenaeus XIV p. 635 f.
[9] Clemens strom. I 137 p. 111 Dind.
[10] Müller F. H. G. III p. 603. Schol. Plat. Rep. V p. 405 Bekker.

daemonier, Iphitos, der Eleer und Kleosthenes, der Pisäer, die Spiele zu erneuern.

d) Solinus [1] setzt die Einsetzung der olympischen durch Iphitos 408 Jahre nach Troias Fall und bemerkt ausdrücklich: ergo ab isto numeratur olympias prima.

e) Pausanias [2] setzt den Sieg des Koroibos in die Zeit der Erneuerung der Spiele durch Iphitos.

f) Eusebius [3] bemerkt im Kanon ad. a. 1240 (777 bei ihm = Ol. I, 1) prima olympias acta, in qua Coroebus Elius extitit victor ... Quam Olympiadem Ifitus, filius Praxonidis sive Aemonis primus constituit.

Und so rechnet auch Kedrenos [4]: ἐπὶ τούτου (scil. Ἰωαθάμ) τῷ πρώτῳ ἔτει Ἴφιτος τὰς Ὀλυμπιάδας ἐνέστησεν.

5) Phlegon [5] berichtet, dass bis zur fünften Olympiade kein Sieger bekränzt ward. In der sechsten aber schickten die Eleer den König Iphitos nach Delphi, und er brachte als Antwort des Gottes das Gebot, den Sieger von nun an mit dem Oelzweig zu bekränzen. Zuerst wurde Daïkles, der Messenier, bekränzt. Nach diesem Bericht also fällt Iphitos 756.

Neben der Gleichstellung des Lykurgos und Iphitos treten im Alterthume noch andere Synchronismen auf. Er heisst Zeitgenosse des Terpandros bei Athenäus [6]: Ἱερώνυμος [7] δ᾽ ἐν τῷ περὶ κιθαρῳδῶν ὅπερ ἐστὶ πέμπτον περὶ ποιητῶν, κατὰ Λυκοῦργον τὸν νομοθέτην τὸν Τέρπανδρόν φησι γενέσθαι.

Terpandros aber war erster Karneonike um 676 nach Sosibios [8] und blühte noch 645 [9]. Als bürgerliche Zwietracht den Staat zerriss, rief ein Orakel [10] den lesbischen Sänger nach Sparta, und die Musik bewährte ihre Macht über die erbitterten Gemüther. Die Parteien versöhnten sich [11].

---

[1] Solinus I 28 p. 11 Mommsen. [2] Pausan. VIII 26, 4 u. V 8, 5.
[3] Euseb. arm. p. 78 Hieron. p. 79 ed. Schoene.
[4] Cedrenus I p. 189 Bekker. [5] F. H. G. III 604.
[6] Athenaeus XIV 635 f.
[7] Irrthümlich hält Trieber p. 56 diesen Hieronymus für den bekannten Historiker; es ist der peripatetische Philosoph aus Rhodos. Müller F. H. G. II p. 450 Note. [8] Müller F. H. G. II p. 625.
[9] Marmor Parium epoch. 34 Zeile 49.
[10] Diodor VIII 28 p. 138 Dind. χρησμὸς αὐτοῖς ἐξέπεσε. Zenob. V 9 (Leutsch. paroemiogr. I p. 118) κατὰ χρησμὸν τοῦ θεοῦ. Heraclides II 6 ὁ θεὸς χρησμῳδουμένοις ἐκέλευεν.
[11] Müller F. H. G. II 130 u. 210. Zenobius V 9 (Leutsch und Schneidewin I p. 118) und dazu die Note. Apostol. XI 27 (Leutsch II p. 522).

Ebenso traf Lykurgos in Kreta mit dem Sänger Thaletas oder
Thales zusammen. Er schickte ihn nach Sparta, und seine Gesänge
führten den durch innere Unruhen zerrütteten Staat zum Frieden
zurück [1]. Da Thaletas jünger als Terpandros, aber älter als Po-
lymnastos von Kolophon ist, so ist er nicht viel später als Olympias 40 (vor Chr. 620) anzusetzen [2]. Bedeutsam ist, dass sowohl
Thaletas, als Terpandros einerseits in engste Verbindung mit Lykurg treten, andererseits durch pythische Orakel berufen werden.
So sagt Plutarch [3]: καὶ Θαλήταν τὸν Κρῆτα ὅν φασι κατά τι πυϑό-
χρηστον Λακεδαιμονίοις παραγενόμενον διὰ μουσικῆς ἰάσασϑαι.

Endlich sind noch eine Anzahl Nachrichten vorhanden, welche
über Lykurg selbst nichts aussagen und also nicht scheinen hierher zu gehören; aber parallele Ueberlieferungen gestatten uns den
Schluss, dass auch hier Ansätze des Lykurgos vorhanden seien.

Lykurg erhält bei Diodor [4] die Antwort:

ἁ φιλοχρηματία Σπάρταν ὀλεῖ, ἄλλ' ὀλεῖ οὐδὲν.

Plutarch dagegen sagt [5]: Ἀλκαμένει καὶ Θεοπόμπῳ τοῖς βασιλεῦσι
χρησμὸς ἐδόϑη:

Ἁ φιλοχρηματία Σπάρταν ὀλεῖ.

Ferner fragt Lykurg die Pythia bei Diodor [6], welche Gesetze dem
Staat am meisten nützten. Die Pythia antwortet: ἐὰν τοὺς μὲν
καλῶς ἡγεῖσϑαι, τοὺς δὲ πειϑαρχεῖν νομοϑετήσῃ. Urlichs [7] bringt
damit ein Apophthegma Theopomps [8] in Verbindung: λέγοντος δέ
τινος, ὅτι ἡ Σπάρτη σώζεται διὰ τοὺς βασιλεῖς ἀρχικοὺς ὄντας, οὔκ,
ἔφη, ἀλλὰ διὰ τοὺς πολίτας πειϑαρχικοὺς ὄντας. Er schliesst daraus,
dass diesen Königen der Spruch zu Theil geworden sei.

---

[1] Müller Dorier II 17. Die Stellen, welche ihn mit Lykurg verbinden, sind Plut. Lyc. 4 ἕνα δὲ τῶν νομιζομένων ἐκεῖ σοφῶν καὶ πολιτικῶν χάριτι καὶ φιλίᾳ πείσας ἀπέστειλεν εἰς τὴν Σπάρτην Θάλητα. Aristot. Polit. II 12 p. 57 Bekker Θάλητος δ' ἀκροατὴν Λυκοῦργον. Strabo
X p. 482, aus Ephoros πλησιάσαι Θάλητι μελοποιῷ ἀνδρὶ καὶ νομοθετικῷ.
Demetrius Magnes bei Diog. Laert. I 1, XI 38 τρίτος (scil. Θαλῆς) ἀρχαῖος
πάνυ κατὰ Ἡσίοδον καὶ Ὅμηρον καὶ Λυκοῦργον. Sext. Empir. adv. mathem.
p. 679 Bekker ὁ δὲ Σπαρτιάτης Λυκοῦργος, ὡς ἂν ζηλωτὴς Θάλητος τοῦ
Κρητὸς γενόμενος.
[2] Müller Litt.-Gesch. I 286. Sengebusch in Jahns Jahrb. 1853
p. 399. Müller Dorier II p. 322 (p. 491 wird er Ol. 38, 2 = 624 angesetzt). [3] Plutarch de musica c. 42 p. 1401 Duebner.
[4] Diod. VII 14, 5 Dind. cfr. Potter zu Clem. Strom. V 24 (Vol. IV
p. 294 Dind.).
[5] Institut. Laconic. 42 p. 296 Duebner.
[6] Diod. VII 2, 14 Dind.   [7] Rhein. Mus. N. F. VI 197.
[8] Apophth. Lacon. p. 272 Duebner.

Der von Diodor [1] unmittelbar angereihte Spruch, worin die Pythia die Spartaner zur Eintracht auffordert, wird von diesem Schriftsteller als ein an Lykurg ertheiltes Orakel bezeichnet. Allein statt des letzten Verses:

εἰςαφικάνουσιν, τὴν δὴ πεφύλαξο μάλιστα

hat Oinomaos bei Eusebios die Lesart πεφύλαχϑε [2] aufbewahrt. Scharfsinnig erkennt Urlichs [3], dass diese Fassung des Orakels 'an mehrere Herrscher gerichtet wurde und zwar in einem Augenblicke, wo es darauf ankam, zwischen Freiheit und Tyrannei zu wählen, d. h. an Polydorus und Theopomp'.

Bedeutsam ist ferner, dass diese Könige die durch Delphis · Autorität sanctionirte lykurgische Rhetra durch einen Zusatz erweitern, und dass dieser Zusatz ebenfalls als apollinisches Orakel galt [4]. Ebenso bezeichnet Aristoteles an einer Stelle [5] den νομοϑέτης, an einer anderen [6] Theopomp als Einsetzer des Ephorats.

Es wird wohl nicht mit Urlichs anzunehmen sein, dass diese Könige direct nach Delphi gegangen seien.

Das war das Geschäft eines Lykurgos oder in späterer Zeit der Pythier. Gewiss hat die alte Erzählung auch unter diesen Königen dem Lykurg diese Thätigkeit zugeschrieben, welche er unter Leobotes und Charilaos ausübte. Er war Staatsordner und Orakelinterpret der Könige Alkamenes und Theopomp und nachher des Polydoros und Theopompos. Die spätere Tradition erkannte den Zusammenhang zwischen Lykurgos und diesen Fürsten nicht mehr.

Keine Dichtergestalt hat in Sparta grössern Ruhm erlangt, als Tyrtaios aus Aphidnai. Wie Terpandros und Thaletas, beruft ihn ein Orakel des delphischen Gottes nach Sparta [7]. Wie die delphische Priesterschaft und Lykurgos stets das Königthum zu schützen und zu stärken suchten, so auch Tyrtaios. Er preist den Theopompos, Messeniens Eroberer, und hebt aufs eindringlichste hervor, dass die Vertheilung der Gewalt zwischen König, Rath und Volk unter Sanktion des pythischen Orakels vollzogen sei. Gerade

---

[1] Diod. VII 14, 2 Dind.

[2] Euseb. praep. evang. V 28 p. 225 Viger. Die Emendation πεφύλαχϑε statt πεφυλάχϑαι stammt von Krebs lectt. Diod. p. 135.

[3] Rhein. Mus. a. a. O. p. 196.

[4] Plut. Lyc. VI ὡς τοῦ ϑεοῦ ταῦτα προστάσσοντος.

[5] Aristot. Polit. II 9 p. 48 Bekker. Vgl. Auerbach de Lacedaem. regibus p. 30.

[6] Aristot. Polit. VIII 11 p. 223 Bekker.

[7] Diod. VIII 27, 1 ἔχρησε δὲ αὐτοῖς παρὰ Ἀϑηναίων λαβεῖν ἡγεμόνα.

die missliebige Zusatzrhetra wusste er dem Volke als göttlichen Befehl darzustellen [1].

Ein dermassen im conservativen Interesse thätiger Dichter sollte nicht auch mit Lykurg in Verbindung treten, wie Terpandros und Thaletas? Noch ist eine schwache Spur erhalten. Vor Tyrtaios Versen steht nämlich bei Diodor der einleitende Satz [2]: ἡ Πυθία ἔχρησε τῷ Λυκούργῳ περὶ τῶν πολιτικῶν οὕτως. Also auch Tyrtaios Gedicht wird dem Lykurg zugeschrieben. Es dürfte diess beweisen, dass auch in der Zeit des messenischen Krieges die Sage einen Lykurgos kannte.

Im Folgenden stelle ich die verschiedenen Ansätze über Lykurgos Zeit in chronologischer Reihe znsammen.

(Vgl. die Beilage.)

C. Die historische Persönlichkeit des Lykurgos.

Im Bisherigen sind die sehr abweichenden Nachrichten der Alten über Lykurgs Abstammung und Zeit zusammengestellt worden; allein es giebt noch Angaben von ganz anderem Gewichte, welche auf die historische Persönlichkeit des Lykurgos ein eigenthümliches Licht werfen, und diese Angaben überliefert das Alterthum mit der grössten Bestimmtheit und mit ausnahmsloser Uebereinstimmung:

Herodot [3] sagt: Τῷ δὲ Λυκούργῳ τελευτήσαντι ἱρὸν εἰσάμενοι σέβονται μεγάλως.

Ephoros [4]: μόνῳ γοῦν Λυκούργῳ ἱερὸν ἱδρῦσθαι καὶ θύεσθαι κατ᾽ ἔτος.

Nikolaos von Damaskos [5], welcher Ephoros als Quelle benutzte, berichtet: ναόν τε αὐτῷ ἐπεμένισαν καὶ βωμὸν ἱδρυσάμενοι θύουσιν ὡς ἥρωι ἀνὰ πᾶν ἔτος.

Aristoteles bei Plutarch [6]: Δι᾽ ὅπερ καὶ Ἀριστοτέλης ἐλάττονας σχεῖν φησι τιμὰς ἢ προσῆκον ἦν αὐτὸν ἔχειν ἐν Λακεδαίμονι, καίπερ

---

[1] Rhein. Mus. VI p. 208. 'Die inhaltschwere Aenderung liegt in dem Worte εὐθείαις, worauf Theopomp sein Gesetz begründete'.

[2] Diod. VII 14, 5 Anm. Dind.

[3] Herodot I 66.   [4] Ephoros bei Strabo VIII p. 366.

[5] Müller F. H. G. III p. 390. Ebenso Suidas s. v. Λυκοῦργος.

[6] Plut. v. Lyc. 31. Müller F. H. G. II p. 128. V. Rose Aristoteles pseudepigr. p. 490. Es wundert mich, dass Flügel, Quellen p. 32 diese Notiz als sicher auf Ephorus beruhend erklärt. Warum citirt denn Plutaroh gerade den Aristoteles?

ἔχοντα τὰς μεγίστας. Ἱερόν τε γάρ ἐστιν αὐτοῦ καὶ θύουσιν καθ᾽ ἕκαστον ἐνιαυτὸν ὡς θεῷ.

Ganz ebenso erzählt auch Pausanias [1]: Λακεδαιμόνιοι δὲ καὶ Λυκούργῳ τῷ θεμένῳ τοὺς νόμους, οἷα δὴ θεῷ, πεποιήκασι καὶ τούτῳ ἱερόν.

Und endlich Epiktetos [2]: οὔτε Ἀριστείδης οὔτε Ἐπαμινώνδας οὔτε Λυκοῦργος πλουτοῦντες καὶ δουλεύοντες ὁ μὲν δίκαιος, ὁ δὲ σωτήρ, ὁ δὲ θεὸς προςηγορεύθησαν.

Nicht allein von den Schriftstellern wird diese göttliche Verehrung Lykurgs erwähnt, sondern auch in amtlichen Staatsurkunden aus der Kaiserzeit führt Lykurg den officiellen Titel 'Gott'. Wir treffen ἐπιμεληταί θεοῦ Λυκούργου, sieben an der Zahl, welche von Rath und Volk für ein Jahr gewählt wurden [3]. Diese Würde war hochansehnlich und einmal mit dem ersten Staatsamte, der πατρονομία, verbunden. Sodann werden σύνδικοι θεοῦ Λυκούργου erwähnt [4]. Auch dieses Amt muss sehr bedeutend gewesen sein; denn während sonst in den Ehrendecreten die verschiedenen Beamtungen, welche jemand bekleidete, in chronologischer Reihe aufgezählt werden, wird dieses Amt gegen die Sitte vorangestellt, ein Beweis, wie wichtig es war. St. Croix [5] hält den σύνδικος für den Vorsteher einer Genossenschaft, welche zum Preise des Lykurgos und zur Erhaltung seines Gotteshauses constituirt war. Boeckh selbst hält ihn für einen 'index ex συνδικίᾳ quae a Lycurgo nomen traxerit' [6].

Der merkwürdigste aber unter diesen Magistraten ist der ἐξηγητής τῶν Λυκουργείων [7], 'der Ausleger der lykurgischen Satzungen' [8], offenbar ein priesterlicher Beamter, entsprechend den attischen ἐξηγηταὶ ὁσίων καὶ ἱερῶν [9]. Dass sie geschriebene Gesetze auslegten, ist nicht nöthig anzunehmen, 'sie können aus einer innern Kenntniss des traditionellen Rechtes responsa gegeben haben' [10].

Von grösster Wichtigkeit ist aber der Orakelspruch, welchen Lykurg gleich beim Eintritt in das delphische Heiligthum empfing. Dieser Spruch ist uns in verschiedenen Recensionen erhalten:

[1] Pausan. III 16, 6.

[2] Epictet. frgm. XLIV emendirt von Keil anall. epigr. u. onom. p. 46.

[3] C. I. G. 1341 und dazu Boeckh.   [4] C. I. G. 1256.

[5] Bei Boeckh C. I. G. II p. 610.

[6] πατρόνομον — — — περὶ τὰ] Λυκούργεια ἔθη προστασίας κτλ. ist leider zu verstümmelt, als dass irgend etwas mit Bestimmtheit daraus könnte geschlossen werden.

[7] C. I. G. 1364 b.   [8] Ruhnken ad Tim. p. 81.

[9] Boeckh a. a. O.   [10] Müller Dorier II p. 221.

Herodot. I 65.	Diodor. VII 14 Dind.	Schol. Arist. P. 326 Dind. (cf. Themist. orat. XIX in.)	Oinomaos bei Eus. praep. IX p.124,28 u.140,49 Syll.	Theodor. ad Graec. infid. 4.
ἥκεις ὦ Λυκόοργε, ἐμὸν ποτὶ πίονα νηόν, Ζηνὶ φίλος καὶ πᾶσιν Ὀλύμπια δώματ' ἔχουσ-αν. δίζω ἦ σε θεὸν μαντεύ-σομαι ἦ ἄνθρωπον. ἀλλ' ἔτι καὶ μᾶλλον θεὸν ἔλπομαι, ὦ Λυκόοργε.	ἥκεις, ὦ Λυκόοργε, ἐμὸν ποτὶ πίονα νηόν, Ζηνὶ φίλος καὶ πᾶσιν Ὀλύμπια δώματ' ἔχουσα. δίζω εἴ σε [ἦ σέ] θεὸν μαντεύσομαι ἠὲ βροτόν γε. [ἦ ἄνθρωπον.] ἀλλ' ἔτι καὶ μᾶλλον θεὸν ἔλπομαι, ὦ Λυκόοργε. ἥκεις δ' εὐνομίαν αἰτεύ-μενος· αὐτὰρ ἔγωγε. δώσω τὴν οὐκ ἄλλη ἐπι-χθονίη πόλις ἕξει. Mai Script. vett. coll. nova II p. 1. pagina 255 codicis palimp-sesti mutili vaticani incipit a verbis: εἴ' σομαι, ὦ Λυκόοργε. cfr. Krebs lect. Diod. p. 129.	ἥκεις, ὦ Λυκόοργε, ἐμὸν ποτὶ πίονα ἀνιών, Ζηνὶ φίλος καὶ πᾶσιν Ὀλύμπια δώματ' ἔχουσα. δίζω ἦ σε θεὸν μαντεύ-σομαι ἦ ἄνθρωπον. ἀλλ' ἔτι καὶ μᾶλλον θεὸν ἔλπομαι, ὦ Λυκόοργε.	ἐν. V 27 p. 224, 225. ἥκεις, ὦ Λυκόοργε, ἐμὸν ποτὶ πίονα νηόν, Ζηνὶ φίλος καὶ πᾶσιν Ὀλύμπια δώματ' ἔχουσα. δίζω ἦ σε θεὸν μαντεύ-σομαι ἦ ἄνθρωπον. ἀλλ' ἔτι καὶ μᾶλλον θεὸν ἔλπομαι, ὦ Λυκόοργε. ἥκεις εὐνομίαν διζήμενος· αὐτὰρ ἐγώ τοι [σοι]. δώσω —	IX p.124,28 u.140,49 Syll. ἥκεις, ὦ Λυκόοργε, ἐμὸν ποτὶ πίονα νηόν, Ζηνὶ φίλος καὶ πᾶσιν Ὀλύμπια δώματ' ἔχουσα. δίζω ἦ σε θεὸν μαντεύ-σομαι ἠὲ καὶ ἄνδρα. ἀλλ' ἔτι καὶ μᾶλλον θεὸν ἔλπομαι, ὦ Λυκόοργε. ἥκεις εὐνομίην διζήμενος· αὐτὰρ ἐγώ τοι. δώσω —

Der Hauptunterschied zwischen den einzelnen Recensionen besteht darin, dass Herodot zwei Verse nicht anführt, welche Diodor, Eusebios und Theodoret kennen.

Göttling [1] hält die Verse bei Diodor für vollkommen echt, während sie nach Bähr [2] ein späteres Anhängsel sind. Ein Umstand ist zur Entscheidung dieser Frage nicht ohne Bedeutung. Plutarch nämlich hat offenbar die erweiterte Gestalt gekannt [3] . . . ἐπανῆλθε τὸν διαβόητον ἐκεῖνον χρησμὸν κομίζων ᾧ θεοφιλῆ μὲν αὐτὸν ἡ Πυθία προσεῖπε καὶ θεὸν μᾶλλον ἢ ἄνθρωπον, εὐνομίας δὲ χρήζοντι διδόναι καὶ καταινεῖν ἔφη τὸν θεὸν ἢ πολὺ κρατίστη τῶν ἄλλων ἔσται πολιτειῶν.

Plutarch sagt uns nun ausdrücklich, dass dieser Spruch in den alten ἀναγραφαί der Lakedämonier sich vorfand [4], und diese ἀναγραφαί kennt er nicht bloss' vom Hörensagen, sondern er hat sie selbst eingesehen [5]. Also ist der Schluss berechtigt, dass diese längere Fassung sich in der ἀναγραφή vorfand.

Da nun nach den neuesten Forschungen das Alter der ἀναγραφή genügend feststeht, so wird es kaum zulässig sein, die beiden Verse Diodors als Anhängsel Späterer aufzufassen; Herodot konnte seine guten Gründe haben, dass er nur einen Theil des Orakels erwähnte [6].

Urlichs glaubt, dass noch eine Anzahl Verse, welche bei Eusebios erhalten sind, an dieses Orakel sich anschlössen, ohne jedoch zu entscheiden, ob diese erweiterte Form oder vielmehr die wenigen Verse des Herodot das Echte enthielten. Nach δώσω fährt nämlich Eusebios fort [7]: δὸς εἴποιμι ἂν ἐγώ· οὐδεμίαν γάρ πω δόσιν οὐδενὶ ἐπηγγείλω τοιαύτην.

  Ἕως ἂν μαντείωισιν ὑπόσχεσις ᾗ τε καὶ ὅρκοις,
  καὶ δίκας ἀλλήλοισι καὶ ἀλλοδαποῖσι διδῶτε,
  Ἁγνῶς καὶ καθαρῶς πρεσβηγενέας τιμῶντες,
  Τυνδαρίδας δ' ἐποπιζόμενοι Μενέλαν τε καὶ ἄλλους

---

[1] Göttling ges. Abh. I 318 ff.
[2] Bähr zu Herodot I 65 p. 140.		[3] Plut. Lyc. V.
[4] Adv. Coloten XVII p. 1366 ed. Duebner Λακεδαιμόνιοι τὸν περὶ Λυκούργου χρησμὸν ἐν ταῖς παλαιοτάταις ἀναγραφαῖς ἔχοντες.
[5] Plut. Ages. 19 ἡμεῖς δὲ εὕρομεν ἐν ταῖς Λακωνικαῖς ἀναγραφαῖς κτλ.
[6] Selbstverständlich wird damit nur ein relatives Alter des Spruches erwiesen; er ist älter als Herodot. Welcker gr. Gött. III p. 297.
[7] Euseb. praep. ev. V 28 p. 225 und Urlichs Rhein. Mus. N. F. VI p. 198 u. 199.

Ἀϑανάτους ἥρωας, οἳ ἐν Λακεδαίμονι δίῃ,
Οὔπω τοί χ᾽ ὑμῶν περιφείδοιτ᾽ εὐρύοπα Ζεύς.

Diese Verse sind vielleicht sehr alt; sie können aus der Zeit
der Könige Ariston und Anaxandridas stammen, welche um die
58ste Olympiade des Orestes Gebeine nach Sparta kommen liessen [1].
Allein sie sind aus ihrem eigentlichen Zusammenhang herausgerissen
und haben ursprünglich mit dem direct an Lykurg gerichteten
Spruch nichts zu thun. Das zeigen die Worte διδῶτε — τιμῶντες
— ἐποπιζόμενοι — und ὑμῶν. Dadurch erweist sich die Antwort
des Orakels, als an Viele, nicht an den einen Lykurgos gerichtet.
Ebenso widerstreitet auch der Gedankenzusammenhang dieser An-
fügung.

Mit Recht bemerkt Welcker [2], dass die Anrede der Pythia
an Lykurgos Epoche macht. Der Titel ϑεός hebt den Lykurg in
eine Klasse empor, in welche Herakles und Amphiaraos nur durch
in den religiösen Glauben aufgenommene Mythen eingegangen waren.
Denn grundverschieden ist davon die Verehrung der Heroen. Sie
haben keinen Tempel mit dem Eingang auf der Ostseite, sondern eine
nach Westen orientirte Kapelle, ein ἡρῷον [3]. Statt des βωμός haben
sie die ἐσχάρα oder den βόϑρος, die Opfergrube [4]. Die Ehren,
welche den Heroen erwiesen werden, sind Spenden an Verstorbene.

Lykurg aber wird nach einem ganz anderen Ritus gefeiert.
Er geniesst göttliche Verehrung und hat einen Tempel (ναός Nic.
Dam. Suidas. ἱερόν Herodot. Ephor. Aristot. Pausan.), und man
opfert ihm jährlich als einem Gotte (ὡς ϑεῷ Aristot. οἷα δὴ ϑεῷ
Pausan.). Ja die Pythia versucht, wenn auch zögernd, ihn als eine
übermenschliche Erscheinung, als einen Gott, zu proclamiren.

Keil [5] erinnert daran, dass den lakedämonischen Königen,
welche ihren Ursprung direct (non interrupta serie) von Herakles
herleiteten, eine ganz ausgezeichnete Art der Bestattung zu Theil
ward [6]. Wenn er dann aber fortfährt: Facillime autem id, quod
fieri consuevit in regibus, in Lycurgum est translatum, so ist das

---

[1] Herodot I 67, 68. Solin. I 90 p. 25 Mommsen.

[2] Welcker gr. Götterlehre III p. 296.

[3] Schol. in Pindar. Isthm. III 110 ἔϑος πρὸς δυσμὰς ἱερουργεῖν
τοῖς ἥρωσι, κατὰ τὰς ἀνατολὰς τοῖς ϑεοῖς. Paus. V 13, 1 ἴσοδος δὲ ἐς αὐτὸ
(scil. τὸ Πελόπιον) πρὸς δυσμῶν ἐστιν ἡλίου. Curtius Peloponnes. II 61.

[4] Welcker III p. 248 und die Note.

[5] Keil anall. epigr. p. 46 u. 47.

[6] Xenophon h. g. III 3, 1 σεμνοτέρα ἢ κατὰ ἄνϑρωπον ταφή.

ein schwerlich stichhaltiger Schluss. Mit der heroenartigen Todten-
feier hat der gottähnliche Cultus des Lykurgos nichts gemein, und
Lykurg, wenn schon Heraklide, ist nicht König — οὐ γὰρ ἦν βασιλεὺς [1] —, also können auch die Ehren, welche nur dem verstor-
benen König widerfahren, nicht auf Lykurg übertragen werden.
Nach Welcker [2] ist das Orakel 'sehr lange vor Herodot aus den
Unterhandlungen sehr geschickter königlicher Theoren von Sparta
mit Delphi hervorgegangen in der Zeit, als die Kraft und Blüthe
der Lykurgischen Staatsordnung, die uns Tyrtäus bewundernd
schildert, auch der wohlmeinendsten delphischen Hierarchie empfeh-
lungswerth genug erscheinen konnte ... Bemerkenswerth ist die
diplomatische Feinheit der Pythia. Sie hatte auch nicht den Muth
sich geradeaus zu erklären, sondern durch das erkünstelte Schwanken
versteckt sie die Zweideutigkeit einen Menschen seiner Handlungen
wegen, die vielleicht unter den Umständen der Zeit wunderbar
weise, mannhaft, redlich und von den glücklichsten Folgen begleitet
gewesen waren, mit einem Gotte zu vergleichen und ihn Gott zu
nennen'.

So schonend Welcker sich ausdrückt, ist diese Vergötterung
eines, wenn auch ausgezeichneten Menschen im Grunde etwas anderes, als eine pia fraus, ausgeführt zum Frommen des spartanischen Gemeinwesens und zur Bändigung der unruhigen Masse?
Schon bei den Alten finden sich solche Erklärungsversuche, freilich
sehr ins Grobe gefärbt, so bei Polybios [3]: οὔτε γὰρ Λυκοῦργον ἡγη-
τέον δεισιδαιμονοῦντα καὶ πάντα προσέχοντα τῇ Πυθίᾳ συστήσασθαι
τὸ Λακεδαιμονίων πολίτευμα ... Λυκοῦργος μὲν ἀεὶ προσλαμβανό-
μενος ταῖς ἰδίαις ἐπιβολαῖς τὴν ἐκ τῆς Πυθίας φήμην, εὐπαραδεκτο-
τέρας καὶ πιστοτέρας ἐποίει τὰς ἰδίας ἐπινοίας.

Polyaen [4] ferner sagt mit dürren Worten, die Pythia habe
ums Geld alle Verordnungen des Lykurgos gut geheissen, und die
frommen Spartaner gehorchten, weil sie seine Gesetze für apollinische Orakel hielten. Auch Iustin [5] erzählt von der klugen Fiction
des Lykurgos, welcher vorgab, seine Gesetze seien Apollos Werk,
und auf dessen Befehl habe er sie erlassen. Die Quelle dieser Darstellung, wenn auch nicht die directe, ist Ephoros [6], einer der zu-

---

[1] Aristoteles Polit. VI 11 p. 165 Bekker.
[2] Welcker gr. Götterl. III 299.
[3] Polyb. X 2, 189 ed. Schweigh.
[4] Polyaen. I 16, 1.   [5] Iustin. III 3.
[6] Für Polyaen: Woelfflin in s. Ausg. p. 12. Für Iustin: Flügel
Quellen zu Plutarchs Lykurgos p. 9.

verlässigsten Forscher; aber im Sinne der Zeit pragmatisirend, hat er 'den edeln Rost der alten Tradition abgerieben'.

Kann nun eine solche Betrachtungsweise auch für uns massgebend sein? Sprechen nicht vielmehr gewichtige Indicien dafür, dass auch Lykurg nicht ein zum Gott erhobener Mensch ist, sondern dass sich hier der im Alterthum so häufige umgekehrte Process vollzogen hat d. h. dass ein Gott vermenschlicht ward?

Sein Name lautet bei Herodot und Diodor 'Λυκόοργος', bei Oinomaos und den Scholien zu Aristides 'Λυκόεργος'[1]. Der erste Bestandtheil ist offenbar der überaus weit verbreitete Stamm 'des Leuchtens'. Erhalten ist derselbe in λευκός, λύχνος u. s. f. in Zusammensetzungen, wie λυκηγενής, ἀμφιλύκη, λυκόφως[2], λικάβας, der Sonnenlauf, das Jahr. Ζεὺς Λυκαῖος, der Stammgott der Arkader, in dessen Hain weder Menschen noch Thiere Schatten werfen, ist der Lichtgott[3]; τὰ Λύκαια, das Lichtfest[4]; Λυκάων, ursprünglich mit Ζεὺς Λυκαῖος identisch, ward nur durch uralte παρονομασία in einen Wolf verwandelt[5]. Ἀπόλλων endlich heisst Λύκιος, der Lichte[6]. Die Lykier sind die Bewohner des Lichtlandes, die Morgenländer. Sie selbst nennen sich Trâmelê[7].

Der zweite Bestandtheil gehört dem Stamme ἐργ — ῥεγ an mit der Bedeutung: schaffen, wirken[8]. Zu vergleichen sind Worte wie κακοῦργος, πανοῦργος, λεωργός (der Alles thut, der keinen Frevel scheut. Passow). Lykoorgos ist also ganz ungezwungen der Lichtwirker, der Lichtschöpfer, ein Name, bei dem Jeder unwillkürlich an ein apollinisches Wesen denkt[9].

Apollon nun tritt vielfach in alter Sage als Staatengründer und Staatenordner auf. Er ist auch der ἀρχηγέτης, wie anderer dorischer Gemeinwesen, so Spartas[10]. Er hat die tapferen Sprossen

---

[1] C. I. G. 52. Δαμωνακορ Λυκεοργο gehört zu den bekannten tituli des abbé Fourmont.

[2] τὸ περὶ τὴν αὐγὴν φῶς. Suidas und Photius.

[3] Welcker gr. Götterl. I p. 211. O. Müller Prolegomena p. 290.

[4] Xenoph. Anab. I, II 10. Paus. VIII 2, 1 u. s. f.

[5] Welcker a. a. O. p. 212.　　　[6] Welcker a. a. O. p. 479.

[7] Lassen Zeitschrift d. D. m. G. X p. 362. Τερμίλαι Herod. I 173 Ἑκαταῖος Τρεμίλας αὐτοὺς καλεῖ. Müller F. H. G. 1 p. 30 fr. 364.

[8] Boeckh C. I. G. 52 leitet die Form von ὀργή ab. Forma ab ὀργῇ, non ab ἔργῳ formata videtur, quasi lupanimus.

[9] Vgl. Bursian in Jahns Jahrb. 1856 p. 30. Zoëgas Abhandlungen waren mir nicht zugänglich.

[10] Müller Dorier I p. 250. Boeckh explic. ad Pind. Pyth. V p. 288 ff.

des Herakles und des Aigimios in Lakedämon angesiedelt [1]. Apollo hiess auch geradezu ihr Gesetzgeber [2], ja eine freilich sehr späte Nachricht nennt den Lykurg nicht unpassend legislator Apollinis [3]. Ein anderes bemerkenswerthes Moment ist seine Todesart. Er verlässt im Alter wieder seine Heimath, und nachdem er von der Pythia noch einmal die feierlichste Sanction seiner Gesetze empfangen hat, bleibt er in Delphi und stirbt daselbst, freiwillig sich der Nahrung enthaltend [4]. Nach Andern starb er in Kirrha, der Nachbarstadt des apollinischen Delphi [5]. Apollothemis nennt Elis, wo Pausanias [6] einen Hypäthraltempel des Apollon Akesios erwähnt, und wo er seit der Stiftung der Olympien durch Iphitos und Lykurgos von den Eleern als Θέριος verehrt ward [7]. Nach Timaios endlich und Aristoxenos starb er in Kreta, dem durch und durch apollinischen Eiland [8].

Als Lichtgottheiten erscheinen aber auch andere Λυκοῦργοι, welche in den mythologischen Sagen der Urzeit vorkommen. Lykurgos [9], Aleos Sohn, Arkadiens Beherrscher, hat zu seiner Schwester die Αὐγή, den Strahlenglanz. In Lepreos lag sein Grabmal unmittelbar neben dem Tempel des Ζεὺς Λευκαῖος [10].

Lykurgos, Dryas Sohn, der Thraker, ist ein Feind des aus der Fremde gekommenen Dionysos. Gewiss mit Recht haben schon ältere Forscher [11] diess auf einen Kampf zwischen Apollo- und Dionysosdienst gedeutet. Welcker, der in Lykoergos den Winter sieht, den Feind des Frühlingsgottes Dionysos, hat wohl nur dieser Deutung wegen auch den Namen als Lichtabwehrer erklärt [12]. Erst spät haben Apollo und die Lichtgottheiten sich mit dem fremden, ungriechischen Dionysos versöhnt. Nach halbverklungenen Sagen

---

[1] Pind. Pyth. V 70.

[2] Nemesius bei Meurs. Misc. Lac. II, V p. 2367 Gron. καὶ τὰ πλεῖστα τῶν ἐθνῶν θεοὺς ἐπιγράψεται νομοθέτας ὡς Κρῆτες μὲν τὸν Δία, Λακεδαιμόνιοι δὲ Ἀπόλλωνα. Theodoret ad Graec. infid. IX p. 126, 25 Sylb. οὐδὲν γὰρ διαφέρει Πυθίους ἢ Λυκουργείους καλεῖν.

[3] Lucas Tudensis bei Meursius a. a. O. p. 2368 Gron.

[4] Plut. Lyc. 29. Aelian. v. h. XIII 23 aus Ephoros.

[5] Plut. Lyc. 37.   [6] Pausan. VI 24, 6.

[7] Müller Dorier I p. 252.   [8] Plut. Lyc. 31.

[9] Paus. VIII, IV 8. Müller F. H. G. IV 336.

[10] Paus. V 5, 5.

[11] Vgl. Creuzer Symbolik IV p. 32 und vor ihm Fréret. Welcker Gr. Götterl. I p. 431 Note. Deimling Leleger p. 69. Religionskrieg in Athen, Wachsmuth Rh. Mus. XXIII 172.

[12] Welcker a. a. O. p. 416.

wird er vom Lichtgotte Perseus erschlagen [1]. Den Hyakinthos,
welchen Apollo mit dem Diskos tödtet, erklärt Welcker [2] gewiss
mit Recht als Ύης, Ύεύς, einerlei mit Sabazios, aus welchem Dionysos hervorgegangen.

Diese Erklärung wird nicht widerlegt durch den Umstand,
dass dann der Gott selbst nach Delphi kommt, um sich ein Orakel
zu holen. Eine ganz parallele Gestalt wäre Lakios, der Gründer
von Phaselis, der ebenfalls ein Orakel von Delphi holt [3]. Λάκιος
von λακεῖν ist der sprechende Orakelgott selbst [4]. Ganz ähnlich
wird auf Apollo dargebrachten Weihgeschenken Apollo dargestellt,
wie er die Lyra spielt vor seinem eigenen Standbilde. Der Gott
ist dann zugleich Darbringer und Empfänger des Weihgeschenkes.

Scheint es demnach nicht unmöglich, dass die älteste Volks-
anschauung der Lakedämonier einen Ἀπόλλων Λυκοῦργος als Stifter
und Ordner ihres Gemeinwesens verehrte, so ist doch zuzugestehen,
dass diese Bedeutung des Wortes früh verloren ging. Allerdings
ist die Zeit, in welche Lykurgs Wirksamkeit fällt, noch reich mit
Sagenstoff erfüllt. Aber in reine Mythologie lassen sich die Be-
gebenheiten des neunten und achten Jahrhunderts nicht mehr auf-
lösen. Wie konnte nun ein ursprünglich einem Gotte eigenthümliches Epitheton auf menschliche Wesen, welche allerdings historische Wirklichkeit besitzen, übertragen werden? Es sind das räthselvolle Vorgänge, die nur vermuthungsweise können erklärt werden.

Das Folgende ist ein Versuch, die Persönlichkeit des Lykurgos
in historischer Zeit näher zu ergründen.

Wie der fromme Glaube der Urzeit ein unmittelbares Walten
der Götter auf Erden, ein Eingreifen derselben in die menschlichen
Geschicke annahm, so war es Meinung einer vorgerückteren Zeit
— als eine solche haben wir uns doch die dem Dorierzuge folgenden Jahrhunderte zu denken —, in gewissen Menschen sei geradezu
die Manifestation einer Gottheit verkörpert. Der irdische Mensch
wird 'vergottet', zur Gottheit erhoben.

Nicht aus diplomatischer Feinheit schwankt die Pythia, son-

---

[1] Eusebius Schoene ad. a. 718 Abr. 44 u. 45 aus Dinarch? und
dem zweiten Buche des Philochorus. Müller F. H. G. I p. 388 und III
p. 628. Eusebius schöpft aus Kephalion.

[2] Welcker a. a. O. I p. 474. Auch Lykurgos verjagt die Hyaden.
Müller F. H. G. III p. 304.

[3] O. Müller Dorier I p. 113, 114.

[4] Welcker gr. Götterl. I p. 213 Φοῖβος ἔλαχεν.

dern weil sie das Unerforschliche, das Göttliche, in menschliche Worte einzukleiden sich bemüht. Sie schafft einen neuen Begriff, den des Mittlers zwischen Göttern und Menschen.

Eine solche Mittelstellung schrieb Aristoteles [1] dem Pythagoras zu: τοῦ λογικοῦ ζώου τὸ μέν ἐστι θεός, τὸ δ' ἄνθρωπος, τὸ δὲ οἷον Πυθαγόρας.

Ganz ähnlich weiss die Pythia, wie mir scheint, dass Lykurgos ein Mensch ist; aber er ist zugleich Träger der Gottesidee. Sie sieht in ihm eine Erscheinung Apollos. So verliert der räthselvolle Spruch das Befremdliche. Es ist die in religiösem Enthusiasmus vorgebrachte Proclamirung eines neuen Glaubenssatzes.

Lykurg steht auch in seiner abnormen Stellung nicht allein. Im Zeitalter der sieben Weisen treten eine Anzahl apollinischer Männer (φοιβόληπτοι) auf, welche durch enthusiastische Zustände sich auszeichnen und einen ebenso wunderbaren Glanz um sich verbreiten.

So Epimenides, der Sühnpriester, ὁ καθαρτής [2], dessen Wirksamkeit auch später noch in Athen und Sparta in gesegnetem Andenken blieb. Er ward nach der Sage von den Nymphen genährt [3]. Nach anderen begnügte er sich mit einer Mischung Asphodill und Malven, welche ihn von Durst und Hunger befreite [4]. Seine Seele verliess den Körper, so oft und so lange sie wollte und kehrte nachher wieder zurück [5]. Besonders bezeichnend ist aber die Angabe des Myronianos bei Diogenes [6]: ὅτι Κούρητα αὐτὸν ἐκάλουν Κρῆτες. Er gehört also zu der Zahl der göttlichen Nährer und Wächter des Zeus [7]. Verbinden wir damit die Nachricht, dass die Kreter ihn als Gott verehrten und ihm Opfer darbrachten [8], so erkennen wir eine der lykurgischen Vergötterung ganz analoge Erscheinung.

Nahe verwandt ist auch Aristeas ὁ φοιβόλαμπτος [9]. Er verschwindet aus Prokonnesos und erscheint am siebenten, Apollo geheiligten Tag, wieder. Den Metapontinern erklärt er, dass er einst als Rabe — Apollos heiliger Vogel — den Gott nach Italien be-

---

[1] Iamblich. v. Pyth. 31 ἱστορεῖ δὲ καὶ Ἀριστοτέλης ἐν τοῖς περὶ τῆς Πυθαγορικῆς φιλοσοφίας. Vgl. Rose Aristot. pseudepigr. p. 198.

[2] Iamblich. v. Pyth. 136. Porphyr. v. Pyth. 29.

[3] Diog. Laert. I 114.   [4] Hermippus fr. 18 F. H. G. III p. 40.

[5] F. H. G. IV 162, vgl. Diog. Laert. I 109.

[6] Diog. Laert. I 115.   [7] Strabo X p. 472.

[8] Diog. Laert. I 114.   [9] Herodot. IV 13—15.

gleitet habe und verschwindet. Die Pythia aber autorisirt die Erscheinung als apollinisch, und es wird ihm in einem Lorbeerhain
neben Apollos Gnadenbilde eine Bildsäule errichtet.

Am frappantesten ist aber der Parallelismus mit Pythagoras.
Er empfängt seine ‘$\eta\vartheta\iota\varkappa\grave{\alpha}$ $\delta\acute{o}\gamma\mu\alpha\tau\alpha$’ von der delphischen Priesterin
Themistokleia [1]. Seine Anhänger nehmen seine Gesetze und Befehle
als göttliche Ueberlieferung an [2]. Allgemein galt er für ein gött-
liches Wesen [3], Apollonios führt die Verse eines samischen Dichters
an, welche ihn einen Sohn Apollos nennen [4], andere hielten ihn
selbst für eine apollinische Erscheinung [5]. Ja nach Aristoteles
nannten ihn die Krotoniaten $\dot{A}\pi\acute{o}\lambda\lambda\omega\nu$ $\dot{Y}\pi\epsilon\varrho\beta\acute{o}\varrho\epsilon\iota\sigma\varsigma$ [6]. Auch er soll
zu Kroton und Metapont [7], nach anderen zu Metapont und Tauro-
menion zugleich erschienen sein [8] und vernahm die Stimmen der
Götter [9].

Aehnlich ist auch in gut historischer Zeit Empedokles $\acute{o}$ $K\omega$-
$\lambda\upsilon\sigma\alpha\nu\acute{\epsilon}\mu\alpha\varsigma$ [10]. Er selbst nennt sich einen unsterblichen Gott [11], er
erweckt eine todte Frau [12], und als er in Selinus erschien, fällt die
Menge vor ihm nieder und verehrt ihn als Gott [13]. Endlich ver-
schwindet er im Lichtglanze [14] und man opfert ihm $\varkappa\alpha\vartheta\alpha\pi\epsilon\varrho\epsilon\acute{\iota}$ $\gamma\epsilon\gamma\sigma$-
$\nu\acute{o}\tau\iota$ $\vartheta\epsilon\tilde{\omega}$ [15].

Diesen räthselvollen Gestalten scheint auch Lykurg anzugehören. Er ward von seinen Zeitgenossen als Incarnation Apollos
aufgefasst [16].

Eine solche Mittelstellung zwischen Gottheit und Menschheit
nimmt aber in vorzüglicher Weise der Priester ein. Im Alterthum
ist die Vorstellung vielfach verbreitet, dass der Priester ein Beter

---

[1] F. H. G. II p. 272. Aristoxenos fr. 2. Porphyr. v. Pyth. 41 nennt
sie Aristokleia.
  [2] Porphyr. 20.   [3] Iamblich. 17. 30. 255.
  [4] Porphyr. 2.   [5] Iamblich. 30. 133.
  [6] Aelian. v. h. II 26. Porph. 28 und Iambl. 135 berichten, dass
der Apollopriester Abaris ihn zuerst so nannte. Diog. Laert. VIII, IX 11.
  [7] Aelian. a. a. O.   [8] Iamblich. 134. Porphyr. 27.
  [9] Aelian. a. a. O. Iamblich. Porphyr.   [10] Diog. Laert. VIII 60.
  [11] Diog. Laert. VIII 66.   [12] Diog. Laert. VIII 67.
  [13] Diog. Laert. VIII 70.   [14] Diog. Laert. VIII 68.
  [15] Diog. Laert. VIII 68.
  [16] Die tibetanischen Oberpriester sind in continuirlicher Reihe
Incarnationen Buddhas. In Rom predigte man während des Concils,
‘dass der Papst unser Herrgott selbst sei’. Oeffentl. Antwort des Prof.
Friedrich A. A. Z. 3. Mai 1871.

und Opferer nicht für sich, sondern für Alle sei, dass er also den
Verkehr zwischen Gottheit und Menschheit vermittle. So sagt
Plutarch [1]: *Τοῖς ἱερεῦσιν αἰδῶ καὶ τιμὴν αἱ πόλεις νέμουσιν, ὅτι
τἀγαθὰ παρὰ τῶν θεῶν οὐ μόνον αὑτοῖς καὶ φίλοις καὶ οἰκείοις, ἀλλὰ
κοινῇ πᾶσιν αἰτοῦνται τοῖς πολίταις.* Iulian [2]: *προθύουσα γὰρ πάντων
καὶ ὑπερεύχονται.* Ein anderer Schriftsteller [3]: *τὸν ἱερέα περὶ τῶν
κοινῶν εὔχεσθαι δεῖ, οὐκ ἰδίᾳ ἕκαστον.* Ganz so sagt Strabo [4] vom
Seher: *οἱ μάντεις ἐτιμῶντο ... ὡς τὰ παρὰ τῶν θεῶν ἡμῖν ἐκφέρον-
τες παραγγέλματα καὶ ἐπανορθώματα.*

Naturgemäss entwickelte sich aus dieser erhabenen Auffassung
vom Priesterthume der Gedanke, dass der Priester der irdische
Repräsentant der Gottheit sei. Es haben sich, wenn auch vielfach
versprengt, Spuren erhalten, welche uns zu der Annahme berechtigen, dass die Vorzeit den Priestern wirklich eine solche Mittelstellung zwischen Gott und Mensch einräumte.

So ist vor allem der merkwürdige Festbrauch zu erklären,
wonach der Priester statt seiner Amtstracht ein Costüm anlegte,
welches den Festgott selbst bildlich darstellte. Zu Pellene war die
Athenapriesterin mit Panzer und Helm angethan, wie die Göttin.
Die Priesterin der Artemis zu Paträ fuhr auf einem mit Hirschen
bespannten Wagen. Der Demeterpriester zu Pheneos trug die Maske
der Göttin selbst [5]. Zoganes, der Sakäenkönig, welcher in könig-
lichem Schmucke vor dem Volke sich zeigt, ist Herakles leibliche
Erscheinung. Er erleidet als *ἄναξ πυρὸς* herakleischen Tod [6]. Auch
auf Kos trägt der Heraklespriester Weiberkleidung, wie sein Gott [7].

Aehnlich hiessen in Sparta die Priesterinnen der Leukippiden, Hilaeira und Phoibe, selbst Leukippiden [8].

Ein priesterliches Element ist aber auch in Lykurgos unverkennbar.

Vor Allem ist hier hervorzuheben, dass Lykurg, wo er auf-
tritt, stets als Deuter des göttlichen Willens, als Interpret des
pythischen Orakels erscheint. Treffend bemerkt Curtius [9]: 'Wir

---

[1] Plut. cum princip. philosoph. III 7 p. 951 Duebner.
[2] Iulian. Imp. frgm. ed. Spanhem. p. 296 B.
[3] Scholia in Iliad. ζ 304.   [4] Strabo XVI p. 762.
[5] Schömann griech. Alterth. II 413.
[6] Bachofen Tanaquil 52. 53.
[7] Movers Phönizier I 454. Plut. Quaest. Graec. 58.
[8] Pausan. III 16, 1.
[9] Curtius gr. Gesch. I p. 164.

können sagen, dass er im Wesentlichen nichts war, als das Organ
delphischer Weisheit, und dass das Gelingen seines Werkes nur aus
dem grossen Einflusse sich erklären lässt, welchen während der
politischen Wirren die mit Delphi eng verbundene Priesterschaft
in Sparta gewonnen haben muss'.

Alles wird auf dem directesten Wege aus Delphi abgeleitet;
dem pythischen Gotte verdankt man die Verfassung [1]. Deshalb hat
schon das Alterthum Lykurg mit Minos zusammengestellt, welcher:

$$\text{'}\grave{\varepsilon}ν ν \acute{\varepsilon} ω ρ ο ς \ β α σ ι λ ε \acute{υ} ε ι, \ \varDelta ι \grave{ο} ς \ μ ε γ \acute{α} λ ο υ \ \grave{ο} α ρ \acute{ι} σ τ η ς \text{'},$$

und mit Zaleukos, dem Lokrer, welcher nach Aristoteles seine Gesetze von der Athena empfing.

Dieses innige Verhältniss zwischen Lykurg und Apollos Pro-
phetin ist einstimmige Tradition des ganzen Alterthums.

Herodot berichtet [2]: οἱ μὲν δή τινες πρὸς τούτοισι λέγουσι καὶ
φράσαι αὐτῷ τὴν Πυθίην τὸν νῦν κατεστεῶτα κόσμον Σπαρτιήτησι.

Xenophon [3]: οὐ πρότερον ἀπέδωκε τῷ πλήθει τοὺς νόμους πρὶν
ἐλθὼν σὺν τοῖς κρατίστοις εἰς Δελφοὺς ἐπήρετο, τὸν θεὸν εἰ λῷον καὶ
ἄμεινον εἴη τῇ Σπάρτῃ πειθομένῃ οἷς αὐτὸς ἔθηκε νόμοις. ἐπεὶ δὲ
ἀνεῖλε τῷ παντὶ ἄμεινον εἶναι, τότε ἀπέδωκεν, οὐ μόνον ἄνομον ἀλλὰ
καὶ ἀνόσιον θεὶς τὸ πυθοχρήστοις νόμοις μὴ πείθεσθαι.

Ephoros sagt [4]: εἶθ' ὁρμῆσαι διαθεῖναι τοὺς νόμους φοιτῶντα
ὡς τὸν θεὸν τὸν ἐν Δελφοῖς κἀκεῖθεν κομίζοντα τὰ προστάγματα.

Wahrscheinlich aus Ephoros stammt auch die Nachricht [5]:
πυκνὰ γὰρ ἀποδημῶν ἐπυνθάνετο παρὰ τῆς Πυθίας ἃ προςῆκεν παραγ-
γέλλειν τοῖς Λακεδαιμονίοις.

Plutarch [6]: τὴν ἀρχὴν καὶ τὴν αἰτίαν τῆς πολιτείας εἰς τὸν
Πύθιον ἀνῆψε.

Pausanias [7]: θεῖναι δὲ αὐτὸν λέγουσιν οἱ μὲν παρὰ τῆς Πυθίας
διδαχθέντα ὑπὲρ αὐτῶν.

Clemens [8]: τόν τε αὖ Λυκοῦργον τὰ νομοθετικὰ εἰς Δελφοὺς
πρὸς τὸν Ἀπόλλωνα συνεχῶς ἀπιόντα παιδεύεσθαι γράφουσι Πλάτων
τε καὶ Ἀριστοτέλης καὶ Ἔφορος.

Theodoret [9]: τὸν δὲ Λυκοῦργον λέγουσιν οἱ σεμνολογεῖν τοὺς τοῦδε

---

[1] Plato Legg. I 632 D. Pausan. III 2, 4. Strabo XVI p. 762. Clemens strom. I 170 p. 135 Dind. Theodoret. adv. Graec. infid. X p. 123,
124 und sonst.
[2] Herodot. I 65.   [3] Xenophon. de rep. Lac. VIII 5.
[4] Bei Strabo X p. 482.   [5] Strabo XVI p. 762.
[6] Plut. Lyc. c. VI.   [7] Pausan. III 2, 4.
[8] Clemens strom. I 170 p. 135 Dind.
[9] Theodor. adv. Graec. inf. X p. 124, 22 ff.

νόμους ἐσπουδακότες εἰς Δελφοὺς μὲν ἀφικέσθαι παρὰ τὸν Πύϑιον, ἐμπνευσϑῆναι δὲ παρ' ἐκείνου καὶ ϑεῖναι Λακεδαιμονίοις τοὺς νόμους.

Cicero [1]: Lycurgus quidem qui Lacedaemoniorum rempublicam temperavit, leges suas auctoritate Apollinis Delphici confirmavit.

Auf Ephoros und seine Ausschreiber geht auch die Darstellung zurück, wie sie sich bei Plutarch [2] und Diodor [3] findet. Nach dem ersteren geht Lykurg, nachdem er seine legislatorische Thätigkeit vollendet hat, nochmals nach Delphi. Daselbst werden seine Institute auf das Feierlichste sanctionirt und ihm die Versicherung gegeben, dass, so lange die Spartaner nach seinen Gesetzen leben, ihr Staat der mächtigste und blühendste sein werde. Diodor hinwiederum stellt den Lykurg als wiederholten Besucher des Heiligthums dar, der das Orakel mehrmals befragt.

Diese Darstellung möchte ich nicht mit Urlichs [4] geradezu als Erfindung Späterer hinstellen. Was auf Ephoros zurückgeht, beruht auf tüchtiger Forschung. Der häufige Besuch des Orakels ist der, wenn auch unvollkommene, Ausdruck des Gedankens, dass die lykurgische Gesetzgebung das Werk einer allmäligen historischen Entwickelung sei.

Die Gesetze Lykurgs heissen ῥῆτραι, nach der ausdrücklichen Angabe der Alten heilige Satzungen des Gottes und Orakelsprüche [5]. So nennt sie Plutarch [6] μαντείαν ἐκ Δελφῶν, ἣν ῥῆτραν καλοῦσιν und τὰ μὲν οὖν τοιαῦτα νομοθετήματα ῥήτρας ὠνόμισαν ὡς παρὰ τοῦ ϑεοῦ νομιζόμενα καὶ χρησμοὺς ὄντα, und er fügt hinzu, dass sie in Delphi prosaisch abgefasst wurden [7]: αἱ ῥῆτραι δι' ὧν ἐκόσμησε τὴν Λακεδαιμονίων πολιτείαν Λυκοῦργος, ἐδόϑησαν αὐτῷ καταλογάδην.

Die Lexikographen führen zwar übereinstimmend als gewöhnliche Bedeutung 'Vertrag' an; aber bei Suidas und Photius findet sich die Notiz: παρὰ Λακεδαιμονίοις ῥῆτρα Λυκούργου νόμος ὡς ἐκ χρησμοῦ πϑέμενος [8].

Schömann nimmt als ursprüngliche Bedeutung des Wortes ge-

---

[1] Cicero de divin. I 96. Vgl. Valer. Maxim. I 2, 1. Hierher gehören auch die oben angeführten Stellen aus Polyb, Polyaen und Iustin.
[2] Plut. Lyc. 29.
[3] Diod. VII 14 Dind.
[4] Urlichs Rh. Mus. N. F. VI p. 198.
[5] Vgl. O. Müller Dorier I p. 135. [6] Plut. v. Lyc. VI u. XIII.
[7] Plut. de Pyth. orac. 19 p. 492 Duebner.
[8] Suidas hat dann noch die verdorbenen Worte: ὁ δὲ χρησμὸς (Bernhardy ὁ δὲ ϑεός) λέγει ῥῆτραν σαφοῦς τε καὶ ἐναργοῦς χρησμοῦ.

wiss mit Recht $\dot{\varrho}\tilde{\eta}\mu\alpha$, $\dot{\varrho}\tilde{\eta}\alpha\varsigma$ $\lambda\acute{o}\gamma o\varsigma$ an [1], so dass sich ganz ungezwungen das Wort als 'Spruch' erklären lässt.

Aber auch Anderes deutet auf priesterliche Würde bei Lykurgos. Erstens wird ihm die Gründung mehrerer Culte zugeschrieben; so errichtete er auf Befehl des Orakels einen Tempel
des hellenischen Zeus und der hellenischen Athena [2]. Nach Dios-
korides und Anderen errichtete er ein Heiligthum der $^{\prime}A\vartheta\eta\nu\tilde{\alpha}$ $^{\prime}O\pi\pi$-
$\lambda\tilde{\imath}\eta\varsigma$ [3], nach Sosibios des $\Gamma\acute{e}\lambda\omega\varsigma$ [4].

Sodann gehört hierher die Sage von Alkandros [5], welcher bei
einem Aufruhr den Gesetzgeber verwundet hatte. Die Lakedämonier
übergaben ihm denselben, und er ward sein Knecht. Lykurg jedoch missbrauchte dieses Dienstverhältniss so wenig, dass er den
Alkandros vollständig für sich gewann. Alkandros, der für eine
Blutschuld in Knechtschaft kömmt, erinnert an die Dienstbarkeit
des Herakles oder Apollon, welche ihr grosses Sühnjahr abdienen
mussten. Es sind hier Spuren einer Tempelknechtschaft zu erkennen.

Ferner erzählt Plutarch, dass Lykurg in der That nicht allein
stand. Sein Helfer und Hauptfreund bei der Redaction der Gesetze
hiess $^{\prime}A\varrho\vartheta\mu\iota\acute{a}\delta\alpha\varsigma$ 'der Zusammenfüger'. Dieser und eine geschlossene
Schaar von Freunden bildeten einen mächtigen Bund [6].

Besonders werthvoll ist aber die Nachricht [7]: $o\dot{\iota}$ $\delta^{\prime}$ $\dot{e}\tau\alpha\tilde{\iota}\varrho o\iota$
$\varkappa\alpha\dot{\iota}$ $o\dot{\iota}\varkappa\varepsilon\tilde{\iota}o\iota$ $\delta\iota\alpha\delta o\chi\acute{\eta}\nu$ $\tau\iota\nu\alpha$ $\varkappa\alpha\dot{\iota}$ $\sigma\acute{\nu}\nu o\delta o\nu$ $\dot{e}\pi\dot{\iota}$ $\pi o\lambda\lambda o\dot{\nu}\varsigma$ $\chi\varrho\acute{o}\nu o\nu\varsigma$ $\delta\iota\alpha\mu\varepsilon\acute{\iota}\nu\alpha$-
$\sigma\alpha\nu$ $\varkappa\alpha\tau\acute{e}\sigma\tau\eta\sigma\alpha\nu$ $\varkappa\alpha\dot{\iota}$ $\tau\dot{\alpha}\varsigma$ $\dot{\eta}\mu\acute{e}\varrho\alpha\varsigma$, $\dot{e}\nu$ $\alpha\tilde{\iota}\varsigma$ $\sigma\nu\nu\acute{\eta}\varrho\chi o\nu\tau o$, $\varDelta\nu\varkappa o\nu\varrho\gamma\acute{\iota}\delta\alpha\varsigma$ $\pi\varrho o$-
$\sigma\eta\gamma\acute{o}\varrho\varepsilon\nu\sigma\alpha\nu$.

Scheint hier nicht, wenn auch verkümmert, die Andeutung
zu liegen, dass eine mächtige Priesterschaft mit regelmässigen Zu-
sammenkünften und einer genau bestimmten Nachfolge [8] in Amt

---

[1] Agis und Cleomenes p. 106. Alterthümer I 229.

[2] Plut. Lyc. c. VI. Urlichs a. a. O. p. 206 $\varDelta\iota\grave{o}\varsigma$ $Bo\nu\lambda\alpha\acute{\iota}o\nu$ $\varkappa\alpha\grave{\iota}$
$^{\prime}A\vartheta\alpha\nu\tilde{\alpha}\varsigma$ $Bo\nu\lambda\alpha\acute{\iota}\alpha\varsigma$ $\dot{\iota}\varepsilon\varrho\grave{o}\nu$. Gilbert a. a. O. p. 129 $\varDelta\iota\grave{o}\varsigma$ $\varSigma\varepsilon\lambda\lambda\alpha\nu\acute{\iota}o\nu$ $\varkappa\alpha\grave{\iota}$ $^{\prime}A\vartheta\alpha$-
$\nu\tilde{\alpha}\varsigma$ $\varSigma\varepsilon\lambda\lambda\alpha\nu\acute{\iota}\alpha\varsigma$.

[3] Plut. Lyc. XI.　　[4] a. a. O. XXV.　　[5] a. a. O. XI.

[6] Zwanzig hatte Hermippos aufgeschrieben Plut. v. Lyc. 5. Auch
Xenophon de rep. Laced. VIII 5 erwähnt die Genossen $\dot{e}\lambda\vartheta\grave{\omega}\nu$ $\sigma\grave{\nu}\nu$ $\tau o\tilde{\iota}\varsigma$
$\varkappa\varrho\alpha\tau\acute{\iota}\sigma\tau o\iota\varsigma$.

[7] Plut. v. Lyc. 31.

[8] $\delta\iota\alpha\delta o\chi\acute{\eta}$ ist das Wort für Nachfolge in König- und Priester-
thum. Von den Boreaden, welche $\beta\alpha\sigma\iota\lambda\varepsilon\tilde{\iota}\varsigma$ nach Diodor II 47, $\dot{\iota}\varepsilon\varrho\varepsilon\tilde{\iota}\varsigma$
nach Aelian h. a. XI 1 sind, sagt letzterer: $\varkappa\alpha\tau\grave{\alpha}$ $\gamma\acute{e}\nu o\varsigma$ $\dot{\alpha}\varepsilon\grave{\iota}$ $\delta\iota\alpha\delta\acute{e}\chi\varepsilon\sigma\vartheta\alpha\iota$
$\tau\grave{\alpha}\varsigma$ $\dot{\alpha}\varrho\chi\acute{\alpha}\varsigma$, von den Phönikern in Ialysos Diod. V 58 $\dot{e}\xi$ $\check{\omega}\nu$ $\varphi\alpha\sigma\iota$ $\tau o\grave{\nu}\varsigma$
$\dot{\iota}\varepsilon\varrho\varepsilon\tilde{\iota}\varsigma$ $\varkappa\alpha\tau\grave{\alpha}$ $\gamma\acute{e}\nu o\varsigma$ $\delta\iota\alpha\delta\acute{e}\chi\varepsilon\sigma\vartheta\alpha\iota$ $\tau\grave{\alpha}\varsigma$ $\dot{\iota}\varepsilon\varrho\omega\sigma\acute{\nu}\nu\alpha\varsigma$.

und Priesterwürde noch einige Zeit in Sparta fortbestand? Das Haupt dieser Priesterschaft war der jedesmalige Lykurgos. Erbliches Priesterthum kann uns in Sparta nicht befremden, wo 'fast alle Gewerbe und Beschäftigungen erblich waren' [1], so das Amt der Herolde, der Bäcker, Weinmischer u. s. f. Ja selbst die Wahrsager [2] und die lesbischen Kitharöden vererbten ihre Kunst im Geschlechte [3].

Wenn auch ferner die ganze Erzählung von der Einsetzung des unmündigen Charilaos romanhaft zugestutzt ist und das Gepräge späterer Erfindung an sich trägt, so werden doch die Worte, mit denen Lykurg das Kind auf den Königsthron erhebt, mehr als blosse Phrase sein. Scheint nicht in dem Rufe: 'βασιλεὺς ὑμῖν γέγονεν, ὦ Σπαρπῖται' eine sacerdotale Weiheformel zu liegen, mit der die mächtige Priesterschaft den neugekorenen König dem Volke empfahl?

Damit in inniger Verbindung steht eine Nachricht bei einem Schriftsteller, dessen Glaubwürdigkeit für uns eine unbedingte ist. Thukydides [4] erzählt vom verbannten König Pleistoanax, dass die Pythia befahl: τοῖς ὁμοίοις χοροῖς καὶ θυσίαις καταγαγεῖν (scil. τὸν βασιλέα) ὥσπερ ὅτε τὸ πρῶτον Λακεδαίμονα κτίζοντες τοὺς βασιλέας καθίσταντο. Darauf beziehe ich des Hieronymus [5] und des Synkellos Notiz: Eurystheus et Procles Spartam obtinuerunt. Diese Nachricht gehört jedenfalls in Eurystheus achtes Jahr; denn einmal bieten das drei gute Handschriften [6]. Gesetzt aber, die Nachricht gehörte wirklich zwei Jahre früher in 921, wie der vorzügliche Bongarsianus liest, so ist 921 = 1096 a. Chr. doch das achte Jahr des Eurystheus freilich nicht nach Eusebios, aber nach Apollodoros. Auch in Lykurgos Leben spielt das achte Jahr [7] eine be-

---

[1] Herodot. VI 60. Athenaeus II 39 c und IV 173 f. O. Müller Dorier II 31. Hermann Staatsalterth. § 6, 6.

[2] Boeckh explic. ad Olymp. VI 152. Müller Dorier II p. 253. Pausan. IV 16, 1.

[3] Plutarch de musica VI p. 1385 Duebn. τελευταῖον δὲ Περίκλειτόν φασι κιθαρῳδὸν νικῆσαι ἐν Λακεδαίμονι Κάρνεια, τὸ γένος ὄντα Λέσβιον. Τούτου δὲ τελευτήσαντος, τέλος λαβεῖν τὸ συνεχὲς τῆς κατὰ τὴν κιθαρῳδίαν διαδοχῆς.

[4] Thucyd. V 16.

[5] Eusebius Schoene p. 59. Syncellus p. 336.

[6] Bei Schöne A, P, F.

[7] Clemens strom. I 117 p. 96 Dind. Σωσίβιος.... κατὰ τὸ ὄγδοον ἔτος τῆς Χαρίλλου βασιλείας Ὅμηρον φέρει.

deutende Rolle: im achten Jahr des Charillos trifft er mit Homer
zusammen.

Synkellos sagt [1]: Ἀπολλόδωρος Λυκούργου νόμιμα ἐν τῷ ή
Ἀλκαμένους.

Plutarchs Angabe [2]: 'ἐβασίλευσε δὲ μῆνας ὀκτὼ τὸ σύμπαν' ist
wohl Missverständniss und bedeutet den achtjährigen Cyclus des
ἀΐδιος ἐνιαυτός [3].

Hierher gehört auch die Nachricht von der je im neunten
Jahre eintretenden Himmelsbeobachtung durch die Ephoren, wonach die Könige suspendirt werden konnten [4]. 'Die Herrschaft der
altdorischen Fürsten hub mit jeder Ennaëteris gleichsam von neuem
an und bedurfte neuer religiöser Bestätigung. So innig verschmolzen
waren in uralter Zeit Religion und Politik' [5].

Die königliche Macht wird demnach nach Verfluss des heiligen
Jahres durch Sanction der Priesterschaft bestätigt, und durch Chöre
und Opfer wurden die Könige in ihre Würde eingeführt. Aehnlich war in Aegypten, wie die Tafel von Rosette uns zeigt, die
feierliche Anerkennung, Krönung und Weihung der Pharaonen Vor-
recht der Priesterschaft [6].

Das Haus der Bagratunier übte diesen Brauch in Armenien [7].
Samuel salbte Saul, und die Metropoliten des Mittelalters salbten
und krönten die fränkischen Könige.

Ueber den grossen Werth, welche diese Ceremonie in den
Augen der Priester hatte, drückt sich ein neuerer Schriftsteller
folgendermassen aus [8]: 'Die wichtigste Function, welche den Priestern zufiel, war die Königsweihe; denn in ihr trat im Angesicht
des versammelten Volkes die Superiorität des Priesterthums über
das Königthum augenscheinlich hervor, und es liess sich daran die
Vorstellung knüpfen, dass die Berechtigung und Legitimität des
Königs von dieser priesterlichen Weihe abhängig und durch sie
bedingt sei'.

---

[1] Syncellus p. 349 Dind.
[2] Plut. v. Lyc. 3. Auch Aletes kommt 8 Jahre nach der dorischen Wanderung zur Herrschaft, wie ich in meinen Beiträgen zu Eusebios nachweisen werde.
[3] Müller Dorier I p. 319 u. 437. Orchomenos p. 218.
[4] Plut. Agis. 11.   [5] Müller Dorier II p. 100.
[6] Müller F. H. G. I p. (5). Nigidius Figulus bei Mommsen röm.
Chronoll. p. 253.
[7] Moses Choren. II 3 u. 7.
[8] Köppen die Religion des Buddha I p. 19.

Eine Königswahl von Seiten des Lykurgos kann uns um so weniger befremden, als er Organ der delphischen Priesterschaft ist und diese noch in geschichtlicher Zeit bei der Einsetzung des Königs Pleistoanax, der Absetzung des Demaratos und sonst bestimmend genug eingreift.

Delphis Einwirkung bei den spartanischen Königswahlen steht auch nicht vereinzelt da. Namentlich leiten die heraklideischen Häuser ihr Herrscherrecht vom delpischen Gotte her.

So wird, als in Argos das Heraklidengeschlecht ausstarb, Aigon durch die delphische Priesterschaft auf den Thron erhoben [1].

Auch in Thessalien, wo ebenfalls heraklidische Geschlechter walteten, greift das Orakel mehrfach ein. Aiatos und Polykleia, beide von heraklidischem Geschlechte, erhalten das Königthum durch Delphis Autorität: ἐμὸν γέρας ἡ βασιλεία κατὰ τὶ ν τοῦ θεοῦ χρησμόν sagt Polykleia [2].

Noch bezeichnender ist die Erzählung bei Plutarch [3]: Aleuas, der Thessaler, weil er hochfahrenden und gewaltthätigen Sinnes war, wurde von seinem Vater unterdrückt und hart gehalten. Sein Oheim aber nahm sich seiner an. Als nun die Thessalier Loose für die Königswahl nach Delphi schickten, da schob der Oheim ohne Wissen des Vaters auch eines für den Aleuas unter. Als nun die Pythia diesen erwählte, erklärte der Vater, dass er kein Wahlloos für ihn hineingelegt habe, und alle meinten, es sei eine Verwechselung im Aufschreiben der Namen vorgefallen. Zum zweiten Male ward also der Gott durch Gesandte gefragt. Allein die Pythia, ihre erste Aussage gleichsam bestätigend, sagte:

τὸν πυρρόν τοί φημι τὸν Ἀρχεδίκη τέκε παῖδα.

Auf diese Weise wurde Aleuas vom Gotte zum Könige erwählt durch den Bruder des Vaters.

Aleuas, der Rothkopf, ist nicht der erste König, wie Buttmann annimmt [4]. Einmal gab es ältere, rein mythische Könige, wie jenen Aiatos. Dann ist die Rolle des Oheims nur verständlich, wenn er königlicher Bruder, nicht wenn er Bruder eines einfachen Edelmannes war. Das Orakel setzte nicht überhaupt einen König

---

[1] Plutarch. de Alex. s. virt. s. fort. II 8 p. 417 Duebner. Curtius gr. Gesch. I p. 225.
[2] Polyaen. VIII 44.
[3] Plutarch. de fraterno amore 21 p. 596 Duebner.
[4] Buttmann Mythologus II p. 251 ff. Für jünger hält ihn auch Boeckh explic. ad Pind. Pyth. X p. 332.

ein, sondern entschied in dem berechtigten Geschlechte über die Succession [1].

Und nun muss die merkwürdige Wirksamkeit des Oheims näher betrachtet werden. ὁ Ἀλευὰς ὑπὸ τοῦ θεοῦ βασιλεὺς διὰ τὸν τοῦ πατρὸς ἀδελφὸν ἀποδειχθείς. Wer gedenkt da nicht an den θεῖος Λυκοῦργος, welcher den Charillos in den Windeln auf den Thron setzt [2], an Lykurgos, welcher für den ἀδελφιδοῦς Labotas oder Eunomos herrscht, welcher Εὐνόμου ἀδελφός, Χαρίλλου ἀδελφός, Πολυδέκτου ἀδελφός genannt wird.

In Tyrus hiess der Hohepriester 'der Nächste nach dem König'; zugleich war das eine übliche Bezeichnung für den Stellvertreter des Königs. Da diese Stelle im Orient meist königlichen Verwandten, zumal dem königlichen Bruder zugedacht ward, führte der Reichsverweser oft den Titel 'Bruder des Königs', wenn er es auch nicht war [3]. Eine solche ausgezeichnete Stellung des Hohenpriesters auch in Griechenland bezeugt Plutarch: ὡς ἐνιαχοῦ τῆς Ἑλλάδος ἀντίρροπον ἦν τὸ τῆς ἱερωσύνης ἀξίωμα πρὸς τὸ τῆς βασιλείας, μὴ τυχόντας ἱερεῖς ἀπεδείκνυσαν [4]. Apollodor berichtet [5]: Πανδίονος δὲ ἀποθανόντος οἱ παῖδες τὰ πατρῷα ἐμερίσαντο, καὶ τὴν βασιλείαν Ἐρεχθεὺς λαμβάνει, τὴν δὲ ἱερωσύνην τῆς Ἀθηνᾶς καὶ τοῦ Ποσειδῶνος τοῦ Ἐριχθονίου Βούτης.

Offenbar sind hier in die mythische Urzeit Verhältnisse der historischen Zeit übertragen. Der königliche Bruder ist Hohepriester, und als Theilhaber an den väterlichen Ehrenrechten 'secundus a rege'.

Ich halte die Annahme nicht für zu kühn, dass auch Λυκοῦργος so aufgefasst werden muss. Dieser 'königliche Bruder', welcher nicht für einen König, sondern für ganze Reihen von Königen thätig ist, scheint ein im spartanischen Gemeinwesen einflussreicher Oberpriester gewesen zu sein.

Auch der thessalische Θεῖος hat diesen Charakter. Er tritt recht eigentlich als secundus a rege neben dem noch lebenden königlichen Vater hervor. Er, der Oberpriester, setzt im Bunde mit dem Orakel eine Königswahl durch, welche gegen den ausge-

---

[1] Erblichkeit und Loos widersprechen sich nicht. Boeckh Abh. d. Berl. Akad. 1836 p. 98.
[2] Plut. de Alex. s. virt. a. fort. II 5 p. 418 Duebner.
[3] Movers Phönizier II p. 543—545.
[4] Plut. Qu. rom. 113 p. 359 Duebner.
[5] Apollodor III, XV 1 p. 118 Westermann.

sprochenen Willen des Adels erfolgt, wie sich auch Lykurg durch
Einsetzung des Charilaos den Hass des Leonidas und der Grossen
zuzieht. Kämpfe der Priester mit einem widerstrebenden Krieger-
adel sind hier unverkennbar.

Sehen wir uns nun diesen Priesterzögling König Charilaos
etwas näher an. Er ist der Beachtung wohl werth. Auf der einen
Seite nämlich wird er geschildert als ein wilder Kriegsfürst, welcher
mit seinem Mitkönig Archelaos Aigys erobert [1] und gegen Argos
und Tegea im Felde liegt [2]. Seine tyrannischen Gelüste sollen sogar
die Wohlfahrt des eigenen Gemeinwesens gefährdet haben [3]. Andererseits soll er aber von sehr sanfter Gemüthsart gewesen sein,
ja er konnte, nach dem Ausspruche seines Mitkönigs Charilaos, nicht
einmal Bösewichtern zürnen [4]. Die Nachrichten, so widersprechend
sie auch erscheinen, lassen sich leicht vereinen. Ungeschminkte Wahrheit ist die Ueberlieferung vom rauhen Krieger; die Sage aber vom
sanften Charilaos ist Tradition der Priesterschaft, welche ihren ge-
horsamen Söhnen stets vieles verzieh und keineswegs gar zu pein-
lich war in moralischer Hinsicht, man denke an Jehu, an einen
Constantin oder Chlodwig.

Hierher gehört auch der von Eusebios aus Oinomaos über-
lieferte Orakelspruch [5]:

εἰ κεν ἐπικτήτου μοίρης λάχος Ἀπόλλωνι
ἥμισυ δάσσωνται, πολὺ λώϊον ἔσσεται αὐτοῖς.

Der Spruch ist an Archelaos und Nikandros gerichtet und geht
wohl auf die von beiden Königen gemeinsam eroberte Aigytis, aus
deren Ländereien, wie es scheint, die apollinischen Priester dotirt
worden sind. Diese freilich vereinzelte Notiz berechtigt uns zu dem
Schlusse, dass auch sonst bei den Eroberungen der Spartaner die
Priester nicht leer ausgingen.

So ist Charilaos, der nach anfänglichem Widerstreben rasch
auf alle Pläne des Lykurgos eingeht und sie aufs Wärmste unter-
stützt, das rechte Bild eines Königs nach dem Wohlgefallen der

---

[1] Pausan. III 2, 5.
[2] Pausan. III 7, 3. VIII 5, 9. VIII 48, 4 u. 5.
[3] Aristot. Polit. VIII 12 p. 231 Bekker. Heraclid. Pont. II 6
(Müller F. H. G. II p. 210).
[4] Plut. Lyc. V. Müller Dorier I 138—II 536. Lacon. Apophthegm.
p. 267 Duebn. Schömann Alterthümer I p. 229. Curtius gr. Gesch. I
p. 165. Eine merkwürdige Auslegung dieses Ausspruches bei Flügel p. 29.
[5] Eusebius praep. ev. V 32 p. 226 Viger.

Priesterschaft. Es liegt eine treffende Wahrheit der Sage zu Grunde, dass Charilaos von Lykurgos sei bevormundet gewesen. Die Bedeutung des *Λυκοῦργος* lässt sich demnach wohl folgendermassen zusammenfassen. *Λυκοῦργος* ist nicht der historische Name einer einzelnen Persönlichkeit, sondern ein hieratischer Titel. Auf diesen Namen erscheint gehäuft, was das Werk einer priesterlichen, mehrere Menschenalter hindurch wirkenden Genossenschaft war. Ihr Vorsteher hiess Lykurgos d. h. eine bestimmte Reihenfolge von Oberpriestern betrachteten sich als Menschwerdungen Apollos und kraft dieser halbgöttlichen Stellung, welche Delphis Autorität ihnen gewährte, gelang es ihnen, das spartanische Gemeinwesen vollkommen umzugestalten und aus einem rohen Kriegerstaat mit Faustrecht ein geordnetes Staatswesen, eine *πολιτεία* mit geheiligten Satzungen zu schaffen.

Eine ganz entsprechende Gestalt ist Iphitos. An seine Verbindung mit Lykurg knüpft sich eines der folgenreichsten Ereignisse für die althellenische Entwickelung; doch steht seine Persönlichkeit völlig im Dunkeln. Sicher ist nur sein Verhältniss zu Herakles. Pausanias [1] bemerkt: ἔπεισε δὲ Ἠλείους Ἴφιτος καὶ Ἡρακλεῖ θύειν τὸ πρὸ τούτου πολέμιόν σφισιν Ἡρακλέα εἶναι νομίζοντας und Eusebios [2] wohl aus Aristodemos: τὸν δὲ ἀγῶνα τετέλεκε Ἴφιτος Ἡρακλείδης σὺν Λυκούργῳ συγγενεῖ· ἑκάτεροι δὲ Ἡρακλεῖδαι.

Darum heisst auch Iphitos bald des Iphitos, bald des Haimon, bald des Praxonides Sohn, weil Iphitos Name der Repräsentant eines mit dem erblichen Priesterthum des Herakles ausgestatteten Geschlechtes ist [3]. Es enthalten daher auch die verschiedenen Angaben, welche schon vor 776 des Iphitos gedenken, nichts Unwahrscheinliches. Nur nach mehrfachen, theilweise erfolglosen Anstrengungen wird die ἐκεχειρία als peloponnesische Festordnung zur Geltung gekommen sein.

Im Folgenden stelle ich nun die διαδοχή der Lykurgiden zusammen, wie sie in den Quellen sich darbietet (vgl. die Quellentafel am Ende des vorigen Abschnittes).

---

[1] Pausan. V IV, 6.
[2] Euseb. und Syncell. p. 369 Dind.
[3] v. Gutschmid in Jahns Jahrb. 1861 p. 23. Iphitos Haus war noch im Jahr 756 im Besitz der königlichen Würde.

		Stammtafel der Lykurgiden.
1103.	Dorische Wanderung.	
1096.	Feierliche˙ Königsweihe durch die delphische Priesterschaft.	Lykurgs 1 γενεά.
1060—1000.	Zeit der Thronrevolutionen und Adelskämpfe.	
1025.	Regierungsantritt des Labotas. Lykurgos regiert als königlicher Bruder.	2 γενεά.
959.	Regierungsantritt des Agesilaos. Lykurg giebt unter ihm Gesetze.	3 γενεά.
943.	Zusammentreffen mit dem chiischen Homer.	
929.	Vormundschaftliche Regierung des Lykurgos für Eunomos.	4 γενεά.
884.	Lykurgos Εὐνόμου ἀδελφός regiert für den unmündigen Charilaos. Erste Gründung der Ἐχεχειρία (Iphitos 1 γενεά).	5 γενεά.
866.	Zusammentreffen mit dem samischen Homer.	
843.	Lykurgos regiert als Charil. Bruder.	6 γενεά.
828.	Iphitos 2 γενεά.	
c. 820.	Lykurgos Gesetzgeber unter den Königen Teleklos (825—786) und Nikandros (824—786).	7 γενεά.
[796.	Lykurgos thätig unter König Alkamenes?]	
793.	Iphitos 3 γενεά.	
785.	Epoche der Könige Theopompos und Alkamenes. Lykurgos unter ihnen thätig.	8 γενεά.
776.	Lykurgos, Iphitos und Kleosthenos schliessen den Gottesfrieden von Olympia. Koroibos siegt. Iphitos 4 γενεά.	
752.	Iphitos 5 γενεά. Einführung des στεφανίτης ἀγών.	
	Zeitalter der Könige Theopompos (770—724 nach Sos.) und Polydoros (742—710?).	9 γενεά.
676.	Unter Delphis Mitwirkung führt Lykurg die lesbische Sängerschule in Sparta ein.	10 γενεά.
640.	Tyrtaios von Lykurg nach Sparta berufen.	11 γενεά.
620.	Thaletas von Lykurg nach Sparta berufen. Antioros. Aussterben d. Geschlechts.	12 γενεά.

Ein Einwand gegen die obige Darstellung liegt nahe. Kann man überhaupt, möchte einer sagen, von einem solchen Hervortreten des Priesterthums im staatlichen Leben von Hellas sprechen? Ist nicht im Gegentheil das Priesterthum nirgends vom politischen Leben abgewandter und ohnmächtiger, als gerade in Griechenland? Allerdings erkennen wir in eigentlich historischer Zeit ein vollständiges Zurücktreten der Priesterschaft; allein im ganzen Verlaufe der ältesten Geschichte erscheint dieselbe von grösstem Einflusse. So gerade in Messene, dem Nachbarlande Lakonikas. Hier war frühzeitig die Herrschaft der hylleïschen Lanze gebrochen worden, und das Volk in pelasgische Zustände zurückgesunken [1]. Priesterfürsten aus dem Hause der Aepytiden gelangen zur Herrschaft; es ist eine klerikale, von Arkadien aus geleitete Reaction gegen die dorischen Eroberer. Ihre Beschäftigung ist fast rein religiöser Natur. Glaukos, Aipytos Sohn, richtet den Cult des pelasgischen Zeus Ithomatas wieder ein, welchen die Dorier vernachlässigt hatten [2]. Auch seine Nachfolger, deren Namen schon einen überraschenden Gegensatz zu den gleichzeitigen Heerfürsten Spartas zeigen [3], sind fortwährend mit Stiftung neuer Gottesdienste beschäftigt, welche an die vordorischen Erinnerungen des Volkes anknüpfen [4]. Glaukos und Isthmios befördern den Asklepiadencultus in Gerenia [5], Sybotas fügt an den alten Cult der grossen Götter von Andania die Leichenopfer des Heros Eurytos [6]. Bezeichnend ist ferner, dass Phintas eine heilige Gesandschaft nach dem ionischen Delos, nicht nach dem dorerfreundlichen Delphi absendet [7]. Das allerhöchste Ansehen genossen aber die mystischen Weihen der grossen Götter, denen sonst dorische Herrschaft stets feindlich war [8]. Andania wurde ein Herd nationaler Gesinnung, und die Art, wie seine Priester die Messenier zum nationalen Widerstand anfeuern [9], sowie die nachfolgende schonungslose Ausrottung der pelasgischen Culte durch die Dorier, lässt uns deutlich erkennen, dass in den messenischen Kriegen die nationale Abneigung der beiden Völker durch religiösen Fanatismus verbittert war; die messenischen Kriege waren zum Theil auch Religionskriege.

---

[1] Curtius gr. Gesch. I p. 182.
[2] Pausan. IV 3, 9 οὐκ ἔχον παρὰ τοῖς Δωριεῦσί πω τιμάς.
[3] Müller Dorier I p. 99. Curtius Peloponnesos II 125.
[4] Müller Dorier I p. 100.   [5] Pausan. IV 3, 9 u. 10.
[6] Pausan. IV 3, 10.   [7] Pausan. IV 4, 1.
[8] Herodot. II 171.   [9] Pausan. IV 16, 2.

Von Sikyon berichten Africanus [1] und Castor [2], dass nach dem Aussterben der Könige sechs Priester des karneischen Apollo als Herrscher seien eingesetzt worden. Die Flucht des siebenten, des Charidemos, wird in der Ueberlieferung offenbar mit euhemeristischer Verdrehung durch seinen grossen Aufwand begründet [3].

Ueber die Kadmeionen sagt O. Müller [4]: 'Die Kadmiden, wie sie von Anfang an Priesterkönige sind, an das Heiligthum der Demeter und der Kabiren gebunden, bleiben es wenigstens bis auf Oedipus (noch Laios erscheint als Weissager), und eine tiefe Sage scheint mir zum Grunde zu liegen, wenn Oedipus Grab in das alte Heiligthum der Demeter zu Eteonos gesetzt wird. Ja diesen Charakter priesterlichen Adels bewahren selbst noch die Geschlechter, die geschichtlich von den Kadmeionen herstammen, die Aegiden und Gephyräer'.

In Argos [5] fand zeitweise eine Dreitheilung des Königthums statt, und unter den herrschenden Dynastien sind sicherlich die Melampodiden ein priesterliches Prophetengeschlecht.

Ebenso sind in Athen die Geleonten neben den Hopleten ein priesterlicher Adel. Wachsmuth [6] hat sehr schön nachgewiesen, dass einst Athen als Doppelstadt bestand, neben der autochthonen Akropolisgemeinde die ionische Helikongemeinde. Schömann [7] hat gewiss mit Recht in den Hopleten die Ionier des Xuthos erkannt; denn nicht 'aus Nationaleitelkeit' [8] nannten die Athener den Ion $\sigma\tau\varrho\alpha\tau\acute{\alpha}\varrho\chi\eta\varsigma$ [9]. Darum auch heisst Ὁπλεύς Sohn des Poseidon [10] und heirathet Aigeus Μήταν τὴν Ὁπλητος [11]. Die Geleonten dagegen sind der ureinheimische pelasgische Priesteradel der Kekropia. Diess geht auch daraus hervor, dass der Stammheros des vornehmsten Priestergeschlechts Βούτης ein Sohn des Γελέων (v. Τελέων) bei

---

[1] excerpta barbara p. 75.

[2] Euseb. chron. I, XXIV 126 und XXV 128 Zohrab.

[3] Die sikyonische Priesterliste haben verworfen Marsham im canon chronicus (Routh. rell. sacrae II p. 447) und von Gutschmid in Jahns Jahrb. 1861 p. 26. Ich vermag nur nicht recht einzusehen, wie die Phyle der antidorischen Archelaer zu ihrem ἐπώνυμος einen Priester des wenigstens damals specifisch dorischen Nationalgottes machen konnte.

[4] O. Müller Minyer p. 228.   [5] Pausan. II 18, 4. 5.

[6] Rh. Mus. N. F. XXIII p. 170 ff.

[7] Schömann Alterth. II p. 554.   [8] Müller Orchomenes p. 308.

[9] Herodot. VIII 44.   [10] Apollodor. I 7 p. 13 Westermann.

[11] Apollodor. III 15 p. 120 Westermann.

Apollodor und Apollonios genannt wird. Zu ihnen gehören auch die Buzygen [1], deren Stammvater die Ochsen vor den ersten Pflug spannte, priesterliche Männer, keine 'leibeignen Zinsbauern'.

Erinnerungen an das alte Priesterkönigthum zeigen auch Aussprüche, wie: Maiorum haec erat consuetudo, ut rex etiam esset sacerdos et pontifex [2]. — τὸ παλαιὸν οἱ βασιλεῖς τὰ πλεῖστα καὶ μέγιστα τῶν ἱερῶν ἔδρων καὶ τὰς θυσίας ἔθυον αὐτοὶ μετὰ τῶν ἱερέων [3]. — καὶ οἱ μάντεις ἐτιμῶντο, ὥστε καὶ βασιλείας ἀξιοῦσθαι [4].

Ferner, um auf die verwandten Italiker überzugehen, ist nicht die von mythischem Glanz umflossene Gestalt Numas eine Lykurg ganz analoge Erscheinung? Auch er errichtet ein theokratisches Königthum, in dem die Priesterschaft eine einflussreiche Stellung einnimmt. Unter ihm ist 43 Jahre Gottesfrieden. Sein Umgang mit der Egeria ist der mythische Ausdruck für den Offenbarungscharakter der von ihm gestifteten Religion [5].

In Indien hat sich nach heissem Kampfe mit den Kriegern die Kaste der Beter, der Brahmanas, die erste Stelle im nationalen Leben errungen [6]. Bei den Medern und Persern, wie im Reiche der Sassaniden, treffen wir die Magier als einen am Königshofe und in Reichsangelegenheiten höchst einflussreichen Klerus. Die celtischen Druiden hatten den Vorrang vor den Rittern. Sie waren nicht bloss eine angesehene Priesterzunft, sondern genossen auch ein vorzügliches Ansehen im staatlichen Leben. Ihre Hierarchie gipfelte in einem obersten Pontifex und nach Cäsar [7] sollen die verschiedenen Prätendenten oft mit den Waffen um die Pabstwürde gekämpft haben.

Die Slawen auf Rügen erkannten den Oberpriester von Arkona als höchsten Herrn der Insel an, vor dem sich selbst die Könige und Fürsten beugen mussten [8]. Auch bei einigen deutschen Völkern sind Spuren priesterlicher Herrschaft zu erkennen. Bei den Burgundionen hiess der höchste Priester, welcher selbst den König absetzen konnte, Sinistus [9]. Die Oberherrschaft der alten Upsalakönige über

---

[1] Aristoteles fr. 258 F. H. G. II p. 162. Müller Orchomenos p. 307. Ueber die Geleonten vgl. auch C. F. Hermann Staatsalterthümer § 94.

[2] Servius ad Aeneid. III 80.

[3] Plut. qu. Rom. 63 p. 344 Duebner.   [4] Strabo XVI p. 762.

[5] Schwegler röm. Gesch. I p. 551.

[6] Lassen indische Alterthumskunde I p. 714 ff.

[7] Caesar. d. b. g. VI 13.

[8] Dahlmann Geschichte von Dänemark I p. 293.

[9] Ammian. Marcell. XXVIII, V 14.

Schweden und Gothen war auf priesterliches Ansehen gegründet. Der König war nach des Skalden Ausdruck Hüter des heiligen Altars. Er leitete die jährlich im Februar wiederkehrenden grossen Opfer, von denen die Entwicklung des gesammten Volkslebens ihren Ausgang nahm [1].

Kurz, bei allen Völkern des arischen Volksstammes treffen wir in den frühesten Culturepochen Priester als die das Staatsruder lenkenden Persönlichkeiten. Sollte dieser in seiner Allgemeinheit durchaus richtige Satz allein auf die Griechen keine Anwendung finden? Im Gegentheil, ich glaube, dass in diesem Zusammenhang der priesterliche Charakter des Lykurgos uns nicht befremden kann, sondern etwas antiken Verhältnissen durchaus Entsprechendes hat.

·Leopold Ranke sagt: Das Leben der abendländischen Christenheit beruht auf der unaufhörlichen Wechselwirkung zwischen Kirche und Staat. Daher kommt es eben, dass die kirchliche Geschichte nicht ohne die politische, diese nicht ohne jene zu verstehen ist.

Dürfte man nicht mit demselben Rechte behaupten: dass uns auch in den Anfängen der alten Geschichte die innigsten Beziehungen zwischen Staatsgewalt und Priesterthum entgegentreten? Dem fruchtbaren Zusammenwirken dieser beiden Factoren des öffentlichen Lebens verdankt Sparta in seiner schönsten Zeit vielleicht seine glückliche Staatsentwicklung und seine einflussreiche Stellung in Griechenland.

Wir berühren in unserer Untersuchung einen der Gegensätze der menschlichen Gesellschaft,· welche in verschiedener Gestalt und unter verschiedenen Namen seit der ältesten bis in die neueste Zeit die gebildete Menschheit bewegten.

Die Aufgabe der Geschichtsforschung aber ist jenem alten Spruche gemäss, die menschlichen Dinge weder zu belachen noch zu beweinen, sondern zu verstehen.

Basel, Sept. 1871. H. Gelzer.

---

[1] Geijer Gesch. Schwedens I p. 99, 100 und sonst.